Traduit de l'anglais
par Pierre de Laubier

Maquette : Laure Massin

ISBN : 2-07-053659-9
Titre original : *Paddy's Pot of Gold*

N° d'édition : 13285
Loi n° 49-956 du 16 juillet 1949
sur les publications destinées à la jeunesse
Premier dépôt légal : mai 1993
Dépôt légal : février 2005
Imprimé en Espagne par NOVOPRINT (Barcelone)

Dick King-Smith

Une marmite pleine d'or

illustré par William Geldart

GALLIMARD JEUNESSE

CHAPITRE 1

Dans le potager

C'est par une matinée pluvieuse, le jour de son anniversaire, que Mary fit la connaissance de P.W.V.M.D. O'Reilly.

Elle savait qu'il était tôt parce que la lumière était blanche. Elle savait qu'il pleuvait parce qu'elle entendait la pluie murmurer contre son carreau, la fine pluie d'Irlande qui donnait sa couleur à l'île d'émeraude.

Mary s'habilla et descendit sur la pointe des pieds, afin de ne pas réveiller papa et maman. Elle entendait papa ronfler. Est-ce qu'il arrivait à maman de ronfler, elle aussi ? Elle ne l'avait jamais entendue. Il faudrait qu'elle pose la question, un jour.

La cuisine était pleine de chats ; elle leur ouvrit la porte de derrière et regarda dehors.

La lumière grandissait à présent, assez pour lui permettre de voir la forme blanche de son lapin, blotti dans son clapier, tout au fond du potager. « Il a l'air d'avoir faim, se dit Mary, je vais lui cueillir une carotte ; maman ne m'en voudra pas si j'en arrache juste une. Je vais essayer de dénicher une bonne grosse carotte avec une racine bien pointue. »

Elle enfila son vieil anorak et ses bottes encore plus vieilles et traversa l'herbe trop haute de la bande de pelouse que papa était décidé à tondre à la première occasion.

L'herbe mouillée lui rappela vite qu'une de ses bottes était percée. C'est alors que, s'approchant du carré planté de carottes, elle vit soudain l'une d'elles bouger. Sur le coup, Mary n'en crut pas ses yeux.

Elle s'arrêta net, scrutant à travers la pluie qui tombait dans la lumière encore faible ; et là, ça bougea de nouveau ! Plus fort encore : la carotte marchait à l'envers, l'orange en haut, le vert en bas !

Mary se pinça avec fermeté et se fit si mal qu'elle sut qu'elle ne rêvait pas, puis avançant d'un bond, elle se retrouva avec un tout petit homme à ses pieds.

L'orange, comme elle le voyait maintenant, était sa chevelure de feu dressée vers le ciel, mais tout le reste de sa personne était vert. Pas seulement ses habits, mais sa figure et ses mains, et même ses ongles, étaient aussi verts que du gazon.

Il n'était pas plus grand que la botte de Mary, à côté de laquelle il se tenait debout. Levant les yeux vers elle, il lui dit d'une voix forte et gracieuse :

– Je te souhaite un joyeux anniversaire !

Mary était sans voix. Quand elle était petite, elle avait bien cru à moitié aux histoires que papa lui avait racontées à propos des petits hommes, mais à moitié seulement. « Ce sont des contes de fées », avait-elle pensé. Et voilà que l'un d'eux apparaissait devant elle ! Mais comment pouvait-il savoir que c'était son anniversaire ?

Elle finit par retrouver sa langue.

– Comment le sais-tu ?

– Parce que tu me vois, répondit le petit homme. Il y a quatre conditions pour qu'un être humain puisse voir quelqu'un comme moi, et tu les réunis enfin toutes. La première, bien sûr, c'est d'habiter en Irlande.

– C'est là que j'habite !

– … D'être enfant unique…

– Je le suis !

– … Et que ce soit ton anniversaire…

– C'est mon anniversaire !

– … Et, pour couronner le tout, tu dois avoir une botte percée.

– J'en ai une !

– Eh bien, nous y voilà ! Une fois ces quatre conditions réunies, et alors seulement, tu peux voir un lep.

– Un lep ?

– Un leprechaun, dit le petit homme. C'est un mot un peu long et un peu bizarre, c'est pourquoi nous le raccourcissons. Et ça tombe bien, car les lettres L, E et P veulent aussi dire quelque chose.

– Et quoi ?

– Lutin émeraude des prés. Tu as entendu parler des petits hommes ?

– Oh, oui !

– Eh bien, nous autres leps sommes différents des autres : les farfadets, les gnomes, les elfes et leurs semblables, de drôles de créatures, crois-moi, et avec leurs oreilles pointues, je vous demande un peu !

« C'est ce que papa dit toujours, pensa Mary. Les petits hommes ont les oreilles pointues, un chapeau pointu sur la tête et aux pieds des chaussures à long bout pointu. »

Mais les oreilles de celui-ci ressemblaient tout à fait aux siennes, en beaucoup plus petit il est vrai, et il n'était coiffé que de sa touffe de cheveux roux. Il avait le visage d'un très vieil homme, ridé et plissé comme une coque de noix, mais en vert, évidemment.

Chose curieuse, il portait une sorte de tunique à la mode d'autrefois et un drôle de pantalon court, mais ses bottes étaient larges et à bout rond. Elles ressemblaient à de petites bottes de caoutchouc vertes, et elles avaient l'air imperméables.

– Elles le sont, dit le leprechaun, bien que Mary n'eût rien dit. C'est de la peau de grenouille. Rien de meilleur sous ce climat. J'en ai tanné le cuir moi-même, bien entendu. Et, ça m'y fait penser, il faudrait que tu me donnes ta botte à réparer.

– Tu pourrais le faire ? dit Mary. C'est génial !

– Ah, Mary, Mary ! dit le leprechaun, les leps sont aussi cordonniers, on ne te l'a jamais dit ?

– Comment connais-tu mon nom ?

– Mais voyons, répondit le leprechaun, je vis ici. La petite ferme de ton papa est mon domaine. Cela fait huit ans que je suis là, sans que tu m'aies jamais vu.

– C'est la première fois que j'ai une botte percée le jour de mon anniversaire !

– Très juste, Mary, très juste. Et j'en

oublie les bonnes manières. Je ne me suis pas présenté. Je m'appelle P.W.V.M.D. O'Reilly.

– Ça alors ! s'écria Mary. Tu en as des initiales ! Qu'est-ce qu'elles veulent dire ?

– Bon ! dit P.W.V.M.D. O'Reilly, avant de te le révéler, je ferais mieux de t'expliquer comment j'ai choisi mes noms.

– Tu les as choisis ? s'étonna Mary.

– Oui, répondit le leprechaun. Nous autres leps ne supportons pas, comme vous autres humains, de nous voir attribuer des noms à la naissance, des noms qu'il peut arriver qu'on n'apprécie pas avec l'âge. Nous attendons une vingtaine d'années avant de les choisir.

– Mais tes parents n'avaient pas envie de te donner un nom ?

– Les leps n'ont pas de parents. Et d'abord, il n'y a pas de dames leps.

– Ah, bon ! Comment naissez-vous, alors ?

– C'est tout simple, expliqua P.W.V.M.D.

O'Reilly, mais c'est un peu compliqué aussi, si tu vois ce que je veux dire. Tu connais ces petites choses rondes qui poussent sur les feuilles de chêne ?

– Tu veux dire les noix de galle ?

– Tout juste. Eh bien, les leps éclosent des noix de galle. Ça, c'est le côté simple. Là où ça se complique (et c'est pourquoi nous sommes si peu nombreux), c'est que ça ne se produit que sous certaines conditions.

– Comme les quatre conditions que je devais remplir pour te voir, tu veux dire ?

– Tout juste. *Primo*, cela ne peut se produire que sur le coup de minuit. *Secundo*, le vent doit souffler du sud-ouest. *Tertio*, la lune doit être pleine. Et *quarto*, il faut qu'une chouette soit posée sur une branche du chêne. Pas la peine qu'elle ulule (ce n'est pas indispensable), mais il faut qu'elle soit là. Pour moi, ces conditions se sont trouvées réunies le jour où une grande victoire fut remportée par un général irlandais. Ce qui explique en partie le choix de mon nom.

– Allez, demanda Mary, dis-moi ce que c'est.

– J'y viens, répondit P.W.V.M.D. O'Reilly. Le P veut dire Patrick, saint patron de notre île d'émeraude. C'est grâce

à lui qu'il n'y a pas de serpents chez nous, et je lui dois pour cela une reconnaissance éternelle.

« Je veux bien le croire, pensa Mary. Hé, le moindre serpent doit paraître un boa à quelqu'un d'une si petite taille ! »

– Le W et le V, continua le leprechaun, représentent Wellington le Victorieux. C'est le nom du général dont je te parlais.

– Ah, oui ! dit Mary qui, à l'école, s'intéressait à l'histoire. Mais Wellington a gagné la bataille de Waterloo. Et c'était… Oh ! j'ai oublié la date, mais c'était il y a des siècles.

– 1815. Tout juste.

– Mais ça te fait…

– … Cent soixante-quatorze ans.

– Eh ben ! s'exclama Mary.

Elle ne trouva rien d'autre à dire. Néanmoins, pour éviter qu'il se rende compte qu'elle doutait de sa parole, elle ajouta bien vite :

– Et le M et le D ?

– La Main Droite, dit le leprechaun. Presque tous les leps d'Irlande sont gauchers, tu sais. Tiens, pour ressemeler une botte, ils maintiendraient le dessus de la chaussure sur la forme avec la main droite, et ils cloueraient la semelle en tenant le marteau de la main gauche. Mais moi, je ferais le contraire. Et pour ce qui est d'O'Reilly, c'est un nom plutôt répandu.

– Chez les leps ?

– Bien sûr. Et voilà, Mary, Patrick Wellington le Victorieux de la Main Droite O'Reilly, pour te servir ! Mais tu peux m'appeler Paddy.

Mary, captivée par cette conversation, n'avait pas remarqué que la pluie avait cessé, que le jour s'était levé tout à fait et que, à ce moment précis, papa sortait par la porte de derrière pour aller traire la vache.

– Oh ! s'écria Mary, cache-toi vite, Paddy ! Papa vient !

– Rien ne sert de t'affoler, dit le leprechaun. Ton papa n'a-t-il pas trois frères bien vivants, une paire de bottes neuves et son anniversaire dans six bons mois ? Tout ce qu'il verra dans le carré de carottes, ce sont des carottes.

Arrivé près d'elle, le papa de Mary lui souhaita un heureux anniversaire, puis il se pencha pour caresser ses cheveux noirs en disant :

– Quelle drôle de petite fille !

– Pourquoi, papa ?

– Tu es là, debout au milieu des carottes, à parler toute seule ! Je t'ai vue de la fenêtre de la cuisine.

Puis il reprit sa marche vers l'étable. Mary se pencha et tendit la main pour mettre de l'ordre dans une chevelure hirsute d'un roux éclatant.

– Eh bien, Paddy ! dit-elle avec un plaisir visible, je parie que tu as même deviné ce que j'allais dire !

– C'est vrai ; tu vas dire : « Trouve-moi une carotte pour mon lapin, une bonne grosse carotte avec une racine bien pointue », répondit P.W.V.M.D. O'Reilly.

CHAPITRE 2

Dans le clapier

Mary ouvrit ses cadeaux (le plus beau était celui de papa et maman : une encyclopédie du monde animal superbement illustrée) avant le petit déjeuner, un petit déjeuner d'anniversaire lui aussi. Du bacon, des œufs, et du *drisheen* (le pudding noir du comté de Cork), et puis la confiture de groseilles à maquereau de maman, étendue sur des tranches de pain frais et croustillant couvert d'une épaisse couche de beurre fait avec le lait de Clairejatte, leur vache.

Tandis qu'ils étaient à table, Mary demanda :

– Papa, tu te souviens que, quand j'étais petite, tu me racontais des histoires de petits hommes ?

– Bien sûr que je m'en souviens.

– Tu y croyais vraiment ?

– Bien sûr que j'y croyais. Il est impossible de ne pas y croire quand on vit en Irlande.

– Même aux leprechauns ?

– Ah ! pour ce qui est des leprechauns, ce n'est pas la même chose, dit maman. Ils font partie des petits hommes, mais ils sont différents.

– Ils sont cordonniers, les leprechauns, dit papa. Tu es au courant ?

– Je crois que oui, répondit prudemment Mary.

– En plus, ils portent des chaussures tout à fait particulières. Si jamais tu en rencontres un, tu le reconnaîtras à coup sûr à ses souliers à hauts talons et à boucles d'argent, des boucles aussi grosses que les bottes elles-mêmes.

– Je crois que..., commença Mary – elle allait dire : que tu te trompes –, mais elle préféra ajouter : je crois qu'il n'est pas facile, de toute façon, de voir un leprechaun, n'est-ce pas ?

– C'est impossible, à moins d'avoir sur soi un trèfle à quatre feuilles, affirma papa. Et laisse-moi t'apprendre encore une bonne chose, les leprechauns sont mesquins. Et radins. Chacun d'eux porte une petite bourse qui contient seulement un shilling. C'est pourquoi ils ne sont pas prêteurs. « Désolé, qu'ils répondent, j'ai seulement un shilling. Et c'est toute ma fortune. »

– Mais ce n'est pas vrai, ajouta maman, parce que chaque leprechaun possède une marmite pleine d'or enterrée quelque part.

Tout en mastiquant, Mary réfléchissait, puis elle avala sa bouchée et demanda :

– Et à votre avis, si un leprechaun habitait ici, à la ferme, il nous montrerait sa marmite pleine d'or ?

– Je ne dirais pas non ! s'exclama maman.

De nouveaux tapis, de nouveaux rideaux, et je m'achèterais aussi une machine à laver comme on en voit maintenant.

– Moi, j'achèterais deux vaches de plus, et peut-être un petit troupeau de moutons... Et je remplacerais le vieux tracteur s'il reste assez d'or dans la marmite, renchérit papa. Mais jamais un leprechaun ne révélera la cachette de son trésor.

– Pourquoi ? demanda Mary.

Après le petit déjeuner, elle se rendit au clapier. Elle y avait donné rendez-vous à P.W.V.M.D. O'Reilly.

– Comme ça, avait dit Paddy, si ton papa te voit parler à cet endroit, il pensera que tu parles à ce vieux Flocon.

– Mais comment connais-tu le nom de mon lapin ? avait demandé Mary.

– Eh bien, parce que je lui fais moi-même la conversation ! On a des tas de choses à se raconter, ce vieux Flocon et moi.

– Mais il ne dit jamais rien, à part un couinement par-ci, par-là.

– À toi, il ne dit rien, avait répondu Paddy. Il faut que tu saches que, nous autres leps, nous sommes capables de parler avec tous les animaux.

– Et ils te voient ?

– Bien sûr, et sans aucune condition à remplir.

C'est pourquoi, après avoir ouvert le clapier pour y placer la bonne grosse carotte avec une racine bien pointue, à la demande du leprechaun (« Flocon m'invite à entrer : soulève-moi, chère petite »), Mary l'avait introduit lui aussi dans le clapier.

En traversant la pelouse, Mary humait l'air de la mer. Elle ne pouvait pas tout à fait la voir de la ferme, mais les jours de tempête il lui semblait entendre les vagues de l'océan, venues directement des côtes lointaines de l'Amérique jusqu'à Bantry Bay, s'écraser en gerbes d'écume.

À présent, la pluie avait cessé de tomber et, tout à coup, elle vit s'élever, dans l'air presque immobile, une mince colonne de fumée bleue qui s'échappait du clapier. Des pensées horribles se bousculèrent aussitôt dans son esprit.

Elle aurait dû s'en douter !... On ne peut pas faire confiance aux petits hommes !... Il y en a qui sont méchants !... Ils jouent de sales tours !... Ils sont mauvais !... Ce leprechaun, qu'elle avait cru si gentil, avait manigancé de s'introduire grâce à elle dans le clapier et d'y mettre tranquillement le feu avant de s'échapper en laissant griller le pauvre Flocon !

Elle ne voyait pas de flammes, mais comme des bouffées de fumée continuaient de monter, elle se mit à courir, le cœur battant à tout rompre, jusqu'au clapier dont elle ouvrit la porte grillagée.

Et à l'intérieur elle vit son cher Flocon, confortablement installé en face du leprechaun, promenant le regard tranquille de ses yeux roses, tandis que P.W.V.M.D. O'Reilly s'était fait un siège de la gamelle du lapin posée à l'envers et, ayant croisé ses

jambes culottées de vert, il fumait la pipe d'un air de vif contentement. C'était une pipe à tuyau court, du fourneau de laquelle s'échappait une fumée bleue.

– Paddy ! s'écria Mary. Mais que fais-tu donc ?

Paddy retira la pipe de sa bouche pour répondre :

– Je me réchauffe le nez.

Et, en effet, Mary remarqua que le bout de son nez (un nez en forme d'oignon) avait rosi, comme une pomme qui commence à mûrir.

– Mais tu fumes ! s'écria Mary. Tu ne sais pas que fumer est mauvais pour la santé ? Les fumeurs ne vivent pas vieux.

– Cent soixante-quatorze ans, tu ne trouves pas que c'est déjà une belle performance ?

– Mais le tabac fait mourir des tas de gens !

– Des humains, oui. Pas des leps. Et je vais te dire pourquoi, chère petite : c'est la nicotine des feuilles de tabac qui est dangereuse ; mais nous autres leps, nous ne fumons pas de feuilles de tabac.

– Qu'est-ce que vous fumez, alors ?

– Du goémon.

– Du goémon ? s'étonna Mary. Mais comment est-ce que tu te le procures ? Nous sommes à cinq bons kilomètres de la mer et je me demande vraiment combien de temps il te faudrait pour faire l'aller et retour sur tes petites jambes, et comment tu pourrais en porter une quantité suffisante.

– Tu ne devines pas ? Mais c'est ton père qui le récolte pour moi, expliqua Paddy. Tu sais bien qu'il prend régulièrement le vieux tracteur et la remorque pour se rendre à la baie, et qu'il en rapporte une pleine charretée de goémon, dont il fait de petites meules. Puis, quand les algues ont séché, il s'en sert comme engrais dans le jardin. Eh bien moi, avant que le goémon soit tout à fait sec, lorsqu'il est encore délicieusement gras, j'en prélève une petite quantité du meilleur et, crois-moi, c'est fameux à fumer.

Sur ce, il replaça la pipe dans sa bouche et tira une bouffée.

À présent, Mary se sentait coupable d'avoir, rien qu'à la vue de la fumée qui s'échappait du clapier, soupçonné P.W.V.M.D. O'Reilly du pire. Comment avait-elle pu le croire capable d'une chose pareille ? Quel drôle de petit homme il faisait, assis là à fumer son tabac de goémon, ses yeux verts tout pétillants, tandis que Flocon (son ami, aucun doute là-dessus) grignotait sa carotte.

Elle regarda les bottes en cuir de grenouille du leprechaun. Des bottes à hauts talons et à boucles d'argent, avait dit papa. Était-ce un véritable leprechaun ? Et la bourse garnie d'un unique shilling ?

– Paddy, s'enquit-elle, pourrais-tu me prêter de l'argent ?

Paddy tira une petite bourse verte de la petite poche verte de sa petite tunique verte, l'ouvrit, jeta un coup d'œil à l'intérieur et en sortit une pièce.

– Désolé, j'ai seulement un shilling. Et c'est toute ma fortune.

« Là, papa avait raison, pensa Mary. Mais les bottes ? »

– Papa m'a dit que tous les leprechauns sont chaussés de souliers à talons hauts ornés de grosses boucles d'argent.

Paddy retira sa pipe de sa bouche pour rire d'un rire saccadé, à demi renversé sur la gamelle retournée.

– Qu'est-ce que les gens ne vont pas croire ! se moqua-t-il. Je parie qu'il t'a dit que quelqu'un qui a sur lui un trèfle à quatre feuilles peut voir un lep !

– Oui.

– Eh bien ! c'est vrai, mais encore faudrait-il que ce soit le jour de son anniversaire, qu'il soit enfant unique, qu'il habite en Irlande, et que sa botte soit percée et, alors, il n'aurait pas besoin de ce fameux trèfle.

– Et les souliers à boucles d'argent ?

– Ça m'étonnerait qu'on trouve de nos jours un seul lep qui en porte, même en sillonnant l'Irlande en long, en large et en travers. Ce genre de chaussures est passé de mode.

– Mais, objecta Mary, tu es né... tu as éclos, il y a cent soixante-quatorze ans. Les leps n'en portaient pas en ce temps-là ?

– Si, parfois. Mais cette mode a été vraiment lancée bien avant. En 1588, pour être précis.

– Je connais cette date ! s'écria Mary. C'est l'année où l'Invincible Armada a fait naufrage !

– Le long des côtes de Grande-Bretagne et d'Irlande, confirma Paddy. Et certains officiers espagnols qui furent jetés à la côte portaient des chaussures de ce genre et, comme elles plurent aux leps, ils les adoptèrent. Mais de nos jours la mode est aux bottes en peau de grenouille, bien que certains leps préfèrent se les fabriquer en ventre de crapaud des roseaux, à cause de sa jolie rayure jaune. Mais, dis-moi, Mary, qu'est-ce que les gens savent d'autre à propos des leprechauns ?

– Maman dit..., commença-t-elle.

– Eh bien ? demanda Paddy.

– Maman dit... que chaque... leprechaun possède une marmite pleine d'or enterrée quelque part.

– Vraiment, elle a dit ça ? demanda P.W.V.M.D. O'Reilly.

– Oui. Est-ce que c'est vrai, Paddy ?

Le leprechaun resta un moment à tirer sur sa pipe sans répondre. Puis il répondit :

– Peut-être bien que oui.

– Oh ! s'écria Mary en joignant les mains sur son cœur.

– Mais..., peut-être bien que non.

– Oh ! fit Mary, et ses mains retombèrent.

■ CHAPITRE 3 ■■■

Sur la butte

Flocon, le lapin blanc, leva la tête au-dessus de sa carotte et émit un couinement.

– Oh ! désolé, Flocon, j'oubliais, fit Paddy. Je bavarde avec cette chère petite, et j'en oublie de transmettre ton message.

– Flocon a quelque chose à me dire ?

– Mais oui. Ça tombe bien, non, que je puisse servir d'interprète entre vous deux ?

– C'est formidable ! s'exclama Mary. Qu'est-ce qu'il a à dire ?

– Quelque chose qu'il voulait te demander depuis longtemps. Cette question l'embête depuis des années (il me l'a souvent répété) mais, bien entendu, il lui a été impossible de la poser tant que tu ne me voyais pas.

– Oh ! là, là ! s'inquiéta Mary. Est-ce qu'il n'aime pas ce que je lui donne à manger ? Est-ce que son clapier n'est pas assez confortable ? Est-ce qu'il a froid, ou trop chaud ? Est-ce qu'il est malade ? Qu'y a-t-il ?

– Ce n'est rien de tout cela. Il a une petite faveur à demander, voilà tout.

– Quelle faveur ?

– Il aimerait, si cela ne t'ennuie pas, que tu déniches un vieux sac ou un morceau de vieille couverture, et que tu le laisses pendre sur le devant du clapier quand la nuit est tombée, par-dessus le grillage, comme lorsque tu tires les rideaux de ta chambre.

– Mais oui, c'est possible. C'est promis. Mais pour quelle raison ? Est-ce qu'il a froid, tu avais dit que non, il me semble ?

– Non, c'est à cause du renard.

– Le renard ?

– Souvent, la nuit (à ce que raconte Flocon), le vieux renard sort du bois voisin, il s'assied en face du clapier, et il le dévisage. Bien entendu, il ne peut pas entrer (Flocon le sait bien), mais il trouve que ce n'est pas agréable de le voir assis là. Il a un regard qui fait peur, surtout quand la lune brille, et il se lèche les babines, et il salive. Flocon dit qu'il peut se faire à l'odeur, mais il serait soulagé de ne plus avoir à soutenir ce regard. Il te serait reconnaissant de lui rendre ce service, car ça lui donne des insomnies.

– Mais bien sûr ! répondit Mary. Je vais aller chercher un vieux sac tout de suite.

Un peu plus tard, une fois Mary revenue avec le sac, qu'elle plia sur le toit du clapier, prêt pour la nuit, une fois qu'elle eut déposé P.W.V.M.D. O'Reilly à l'extérieur, planté sur ses pieds bottés de peau de grenouille, le leprechaun proposa une promenade.

Il va de soi que Mary devait marcher

très lentement, car les foulées de Paddy ne dépassaient pas quelques centimètres, et elle n'avait pas l'intention de proposer de le porter comme un bébé.

Elle s'aperçut qu'ils se dirigeaient vers le petit bois qui couvrait le flanc de la colline, derrière la ferme. Celle-ci faisait obstacle aux rafales du vent du sud qui soufflait si souvent dans cette région du monde, courbant presque en deux la cime des arbres.

– C'est formidable que tu puisses servir d'interprète à Flocon, répéta Mary en chemin. Est-ce que tu peux le faire pour d'autres animaux ?

– Bien sûr, répondit Paddy. Avec un ver ou un scarabée, tu penses bien que la conversation serait plutôt limitée (je ne crois pas qu'ils aient grand-chose à raconter), mais je comprends la plupart d'entre eux.

– Les animaux de la ferme, par exemple ?

– Bien sûr, quoique certains ne soient pas doués d'une grande intelligence. Les poules, tiens, et les canards : ce sont ce que j'appelle des têtes de linotte. Mais je bavarde de temps en temps avec la bonne grosse vache.

– Je me suis souvent demandé ce que ressentent les animaux, dit Mary. Je pensais : « Si seulement ils pouvaient parler ! » Maintenant ils en sont capables – par ton intermédiaire, Paddy. Et qu'est-ce que Clairejatte raconte ?

– C'est une vieille râleuse que cette Clairejatte. Par-dessus tout elle se plaint de la nourriture : « Ce foin n'est même pas bon pour un âne, et c'est tout ce qu'on trouve à donner à une vache de pure race Jersey ! » Et ainsi de suite. Pour elle, l'herbe est toujours plus verte dans le pré d'à côté.

– Et l'âne ?

– Ah ! Neddy, lui, c'est un plaisir de parler avec lui. Un philosophe, ce Neddy. On croit, sous prétexte que les ânes sont têtus, qu'ils sont stupides, mais pas du tout ! L'âne est le plus intelligent des animaux de la ferme, à l'exception d'un seul.

– Lequel ?

– Mais le cochon, bien sûr. C'est un cerveau, le cochon. Combien d'heures agréables j'ai passées dans la porcherie de ton papa, Mary, à écouter les cochons refaire le monde ! Ah ! on peut vraiment parler de choses sérieuses, avec eux !

Au moment où ils pénétraient dans le bois, Mary se souvint du renard.

– Et les animaux sauvages ? demanda-t-elle. Est-ce que tu peux leur parler ?

– Bien sûr que je peux leur parler, répondit Paddy. Je vis parmi eux, vois-tu, et depuis toujours.

– Ici, dans ce bois ?

– Ici, dans ce bois.

– Est-ce que tu me montreras où tu habites ?

– Oui, un jour.

« C'est génial, pensait Mary tandis qu'ils poursuivaient lentement leur chemin au milieu des arbres. Il va me montrer sa maison. Je crois que je peux l'imaginer. Elle ne doit pas être plus grande qu'une maison de poupée, avec voyons... un toit de chaume, des cheminées de travers et des fenêtres à petits carreaux en losange, et peut-être un églantier qui grimpe autour d'une porte d'entrée adorable. Je ne pourrai pas entrer, bien sûr. Je suis bien trop grande. »

– Je ne pourrai pas entrer dans ta maison, n'est-ce pas ? demanda-t-elle.

Le visage ridé de P.W.V.M.D. O'Reilly se plissa et il partit de son rire saccadé.

– Ah, çà, non, chère petite ! dit-il en secouant sa chevelure rousse. D'ailleurs je n'ai pas de maison à moi. Je suis locataire. Ça me va bien mieux. Mes propriétaires sont des gens très agréables.

– Je ne comprends pas, dit Mary.

– Tu vas bientôt comprendre, rétorqua Paddy. Regarde là-bas.

Elle regarda et vit qu'ils arrivaient à un petit tertre qui s'élevait au milieu du bois. De nombreux vieux sureaux aux troncs marqués de griffures poussaient sur cette butte. Dans ses flancs piétinés s'ouvraient une bonne douzaine de larges trous.

– Ça alors ! s'écria Mary. Ce sont les terriers des blaireaux ! Je suis souvent venue

ici pour essayer de les apercevoir, mais je n'y suis jamais arrivée.

– Eh oui ! Mes propriétaires sont des créatures timides, dit Paddy.

– Alors tu habites ici, dans les terriers des blaireaux ?

– Eh oui, chère petite ! J'ai trois pièces

agréables, pas un sou de loyer à payer, et j'ai une entrée indépendante.

Ils étaient arrivés à la butte et Paddy en escalada le flanc puis désigna un large trou sous les racines d'un des sureaux.

– Et voici, dit-il.

Mary se mit à genoux et scruta l'intérieur du tunnel.

– Je voudrais bien voir à l'intérieur. Décris-moi à quoi ça ressemble. Tu disais trois pièces ?

– Oui, et aussi douillettes que possible.

Deux mètres sous terre, voilà où il faut être : frais l'été, chaud l'hiver. Il ne gèle jamais à cette profondeur, et les eaux s'écoulent assez bien pour qu'il n'y ait pas d'humidité. D'abord il y a ma chambre, et là, tiens-toi bien, comme mes propriétaires se font régulièrement des litières fraîches avec des fougères, ils m'en apportent assez pour que je puisse m'étendre confortablement. Il y a ensuite mon atelier ; c'est là que se trouvent mes outils de cordonnier et mon établi, et que je répare les chaussures usagées. Et enfin il y a mon cellier.

« Un cellier ! pensa Mary. Chaque leprechaun possède une marmite pleine d'or enterrée quelque part. C'est sans doute là qu'elle se trouve ! »

– Qu'est-ce que tu y mets ? demanda-t-elle.

– Oh ! des affaires... surtout des provisions pour l'hiver. Des noix, des baies, des racines, des fruits..., je suis végétarien, tu sais.

– Rien d'autre ? Tu ne gardes rien d'autre dans ton cellier ?

– Euh ! peut-être bien que si, peut-être bien que non, répondit le leprechaun.

Il tendit sa petite main verte, que Mary se pencha pour serrer.

– Et maintenant, je te souhaite le bonsoir, dit-il. C'est l'heure à laquelle je fais une petite sieste. Je ne suis plus tout jeune, vois-tu. Mais tu sais désormais où j'habite, au cas où tu aurais besoin de moi.

– Au revoir, Paddy, dit Mary, et elle le regarda descendre dans le trou.

L'entrée était assez large pour qu'il pût se tenir debout, mais elle remarqua que plus loin dans le passage il lui fallait se courber un peu ; ensuite, le tunnel faisait un coude, et elle le perdit de vue.

– Quel anniversaire ! s'exclama Mary à haute voix.

Elle tâta le trou qu'elle avait au bout de sa botte et songea aux quatre conditions qui lui avaient permis de voir P.W.V.M.D.

O'Reilly. Et soudain elle frissonna. « Le jour de ton anniversaire », avait-il dit ; c'était l'une des conditions. Et si on ne pouvait voir un leprechaun que le jour même de son anniversaire ? Que se passerait-il le lendemain, et les jours suivants ? Est-ce qu'elle ne devait jamais plus le revoir ? Elle s'accroupit tout d'un coup et, introduisant la tête dans le trou, elle cria :

– Paddy ! Paddy ! j'ai quelque chose à te demander !

Mais personne ne répondit.

CHAPITRE 4

Dans la porcherie

– Que se passe-t-il, Mary ? demanda maman à l'heure du déjeuner. Tu n'as presque touché à rien.

– Tu as dû trop manger au petit déjeuner, dit papa. Ou bien est-ce que c'est au goûter et à ton gâteau d'anniversaire que tu penses ?

– Je me sens un peu malade, dit Mary qui se sentait en fait malade d'inquiétude.

« Et si je ne revoyais jamais Paddy ! Ce serait vraiment horrible. Je serais là, à le savoir dans le coin, au fond des terriers des blaireaux, ou en train de parler à Clairejatte, à Flocon ou à Neddy, ou bien en pleine discussion avec les cochons, et je ne pourrais peut-être même pas le voir ni l'entendre. »

Maman posa la main sur le front de Mary.

– Tu n'as pas de fièvre, dit-elle. Tu ferais mieux de sortir de table et de t'asseoir un moment tranquillement quelque part. Lis ton encyclopédie des animaux.

Mary consulta l'index du livre, au cas où il y aurait quelque chose à propos des leprechauns, mais elle ne trouva rien entre « lépidoptère » et « lérot ». « Bon, ce n'est pas étonnant, se dit-elle. Les leps ne sont pas des animaux, ce sont des personnes, des petits hommes, des lutins émeraude des prés. »

Elle regarda sa montre. Il était midi lorsque Paddy était rentré faire sa sieste. Il était à présent près de deux heures. Sûrement, il devait avoir assez dormi.

– Je me sens bien maintenant, maman, dit-elle. Je sors.

– Si tu te sens bien, tu ferais aussi bien de donner un coup de main pour la vaisselle. Et après ça, j'ai une tâche à te confier. Je sais que ce sont les vacances, mais tu as tout le temps de jouer, et t'occuper un peu ne te fera pas de mal. Mon potager est envahi de mauvaises herbes, une vraie forêt vierge. Tu peux bien m'accorder une petite heure de désherbage ?

– Mais c'est mon anniversaire !

– Ce n'est pas pour ça que les plats vont se laver tout seuls, ni que les mauvaises herbes vont sortir de terre en gambadant.

La vaisselle ne traîna pas, mais la « petite heure » de désherbage dura un peu plus longtemps, car maman vint l'aider, et elle disait chaque fois : « Allez, encore cette petite rangée, et puis cette petite rangée », si bien que Mary ne se libéra qu'à quatre heures.

À peine hors de vue de la maison et des bâtiments de la ferme, elle se mit à bondir comme un chevreuil vers le bois. Le silence régnait aux terriers, à peine troublé par le bruit des feuilles qui se détachaient des arbres. On avait du mal à croire que, quelque part sous ses pieds, sous la butte sur laquelle elle se tenait, vivaient toute une famille de blaireaux et un vieux leprechaun.

« Est-ce qu'il dort encore ? Ou est-ce qu'il s'est réveillé et qu'il est ressorti ? Il aurait laissé des traces », pensa Mary qui se mit à inspecter le sol.

La pluie récente l'avait rendu argileux, et elle put reconnaître sans peine la marque déposée par ses propres bottes de caoutchouc, ainsi que les petites empreintes laissées par les bottes en peau de grenouille du leprechaun, bien qu'il fût difficile de voir dans quelle direction elles étaient orientées.

C'est alors qu'elle aperçut, sur le seuil de la porte de Paddy, un dessin tracé dans la glaise avec un bout de bois.

Ce dessin représentait un cochon dodu, les oreilles pendantes et la queue en tire-bouchon. Impossible de se tromper.

« Probable qu'il n'a jamais appris à lire et à écrire, pensait Mary tout en courant pour rentrer, mais il a un fameux coup de crayon. » En approchant des cochons, elle en entendit un pousser de nombreux grognements et elle vit de la fumée bleue monter en spirale. Assis sur le muret de la porcherie, ses jambes vertes ballantes, P.W.V.M.D. O'Reilly tirait des bouffées de sa pipe tandis qu'une demi-douzaine de cochons levaient les yeux vers lui.

– Ah, te voilà, Mary ! dit-il, retirant sa pipe de sa bouche en retenant à demi son petit rire saccadé. Tu as reçu mon message, alors ?

– Oh, oui ! haleta Mary. Mais j'ai une question à te poser, Paddy.

– Est-ce que tu as encore besoin d'emprunter de l'argent ?

– Non, non, c'est quelque chose de très,

très important. Est-ce que je te verrai, demain ?

– Pourquoi pas ? À moins que tu ne t'en ailles, en Angleterre, en Amérique ou dans quelque autre pays du bout du monde. Je serai là, là où j'ai grandi et où j'ai vécu depuis cent soixante-quatorze ans.

– Mais non, je veux dire : est-ce que je pourrai te voir quand mon anniversaire sera passé ? Tu as affirmé qu'on ne pouvait voir

un lep que le jour de son anniversaire. Oh ! Paddy, quel malheur s'il fallait que tu deviennes invisible à partir de demain, ajouta Mary tandis que ses yeux gris s'emplissaient de larmes.

Paddy tendit sa main vers la sienne. Si elle n'avait pas été si grosse, il l'aurait serrée, mais il se contenta de lui saisir le petit doigt.

– Là, là, chère petite, dit-il. Ne te mets pas dans un état pareil. Tu n'as pas à t'en faire.

C'est seulement pour voir un lep pour la première fois qu'il faut attendre le jour de son anniversaire et tout ce qui s'ensuit. Après tout, tu n'auras pas toute ta vie un trou à ta botte – ce qui me rappelle qu'il faut que je la répare. Non, non, maintenant que tu m'as vu, tu seras toujours à même de me voir, aussi longtemps que je vivrai.

– Oh, Paddy, je suis contente ! dit Mary en s'essuyant les yeux.

Elle aurait voulu lui donner un gros baiser, mais Paddy était trop petit. Elle caressa alors affectueusement sa chevelure rousse.

Les cochons se remirent à grogner : c'est qu'ils avaient sans doute encore bien des sujets à aborder avec le leprechaun, se dit-elle. Mais elle se souvint soudain de ses derniers mots : « Aussi longtemps que je vivrai », avait-il dit.

Le soulagement de savoir qu'elle pourrait toujours le voir fit place à cette nouvelle et terrible inquiétude. Après tout, il avait éclos l'année de Waterloo ! Mais peut-être les leps, comme les vieux soldats, disparaissaient-ils au lieu de mourir ? Elle résolut d'aborder le sujet par une voie détournée.

– C'est drôle, dit-elle en se penchant par-dessus le muret, derrière Paddy, de penser que j'ai huit ans alors que ces cochons n'ont même pas huit mois.

Paddy mit sa main en cornet et lui glissa à l'oreille :

– Ils ne les auront jamais, eux.

– Tu veux dire…

– La boucherie, oui.

– Oh, mon Dieu ! s'écria Mary. Mais tout le monde meurt un jour, je suppose.

– Eh oui, eh oui !

– Même les leps ?

– Même les leps, chère petite. Nous vivons longtemps, c'est vrai, une vie longue et heureuse, mais les meilleures choses ont une fin.

Mary prit une profonde inspiration et demanda :

– Combien de temps vivent les leps ?

– Oh ! à peu près deux fois plus longtemps que la moyenne des humains, répondit P.W.V.M.D. O'Reilly.

Ils restèrent un moment sans parler.

Le leprechaun fumait sa pipe, tirant dessus avec délices et soufflant de petits nuages de fumée bleue, cependant que Mary s'efforçait de faire des additions de tête.

Combien de temps l'homme vit-il en moyenne ? Trois fois vingt ans et dix ans, comme il est dit dans la Bible. Cela faisait soixante-dix. 70 x 2 = 140. Mais Paddy avait déjà cent soixante-quatorze ans ! La moitié de 174 faisait..., voyons... 87. S'il était un homme, il aurait déjà quatre-vingt-sept ans ! Oui, mais certaines personnes vivent jusqu'à cent ans. Cela ferait deux cents pour un lep. Il lui resterait donc... hum... euh... vingt-six ans à vivre. Elle aurait alors 8 + 26 = 34 ans ! Peut-être était-il inutile de s'inquiéter.

Quelque chose la tira alors de ses folles inquiétudes. C'était papa qui traversait la pelouse, un seau de bouillie pour cochons dans chaque main, et les cochons, sentant l'odeur, se mirent à pousser des cris aigus.

– Vite, Paddy, murmura-t-elle. Papa arrive, il va te voir.

– Mais non, dit-il en lâchant une bouffée.

– Mais quand même, il va voir la fumée de ta pipe !

– Mais non. Il ne peut pas me voir, ni ma pipe, ni la fumée qui en sort. Et comme il ne me voit pas, il n'entend pas non plus ce que je dis. Il n'y a que toi.

– Tu parles aux cochons, Mary, dit papa lorsqu'il arriva, en posant ses seaux afin d'ouvrir la porte de la porcherie.

– Oui, papa, répondit Mary.

– Oui, papa ! clama Paddy à pleine voix.

Son père, sans rien remarquer du tout, porta les seaux à l'intérieur de la porcherie et déversa la bouillie de farine d'orge, de flocons de maïs et de petites pommes de terre cuites au fond de l'auge autour de laquelle les cochons se bousculaient. Pendant ce temps, Paddy tapota sa pipe afin de la vider, la fourra dans la poche de sa tunique et se mit debout pour danser la gigue sur le muret. Tout en dansant, il chantait ce refrain :

O'Reilly qu'on m'appelle,
Roublard et spirituel,
Et calé pour les entrechats.
Tous les leps sont jaloux
Du meilleur d'entre nous :
C'est Patrick, c'est moi que voilà !

Il chantait à pleine voix, sautillant et tournant comme un derviche, mais papa ramassa tranquillement les seaux vides, ferma la porte de la porcherie, repoussa le verrou et s'en retourna par la cour de la ferme, disant :

– Ça va être l'heure du thé, Mary. J'ai bien envie d'une part de ce gâteau d'anniversaire que maman t'a fait !

– Tu vois, dit Paddy. Ni vu ni connu.

– Mais les animaux ?

– Les animaux me voient, bien sûr.

– De quoi parlais-tu avec les cochons ?

– De toi.

– De moi ?

– Oui, je leur disais quelle gentille petite fille tu es (grande fille, devrais-je peut-être dire), que c'est ton anniversaire et que ta maman t'a fait un superbe gâteau dont, après le thé, tu allais apporter une succulente et jolie petite part (juste une lichette, avec peut-être un peu de délicieux sucre glace et du massepain à l'intérieur) à ton ami P.W.V.M.D. O'Reilly.

Et il se remit à danser en chantant son refrain.

CHAPITRE 5

Derrière le poulailler

– Il y a quelque chose qui ne va pas chez le vieil âne, déclara papa au petit déjeuner du lendemain. Il n'a guère d'appétit ces jours-ci et ne touche pas à sa nourriture. On pourrait presque lui compter les côtes.

– Pauvre Neddy, dit maman. C'est qu'il prend de l'âge, il doit avoir vingt-cinq ans car, quand je l'ai eu, c'était un ânon et j'avais à peu près l'âge de Mary.

– Je n'ai pas trouvé ce qui ne va pas, soupira papa. C'est le problème avec les animaux. Ils ne peuvent pas vous dire ce qu'ils ont. Si seulement ils savaient parler !

Mary ne dit rien, mais après le petit déjeuner elle partit pour le bois. Si Paddy était chez lui, elle savait comment attirer son attention. Ils en avaient parlé à la porcherie.

– J'ai crié dans le trou, avait dit Mary, mais tu n'as pas entendu.

– Le tunnel est sinueux, avait répondu Paddy, si bien qu'il étouffe les bruits. Fais donc comme les gens devant une porte : frappe.

– Mais tu n'as pas de porte.

– Frappe sur le tronc du vieil arbre qui pousse au-dessus. Je sens les vibrations à travers les racines. Même quand je dors à poings fermés, ça me réveille.

Mary avait alors ramassé un bout de bois avec lequel elle avait cogné contre le tronc du vieil arbre, et quelques instants plus tard Paddy avait émergé de son trou, bâillant et clignant des yeux, des yeux qui avaient l'air larmoyants. Mary remarqua que le bout de son nez était plus rouge que d'habitude.

– Oh ! là ! là ! dit-elle. Est-ce que je t'ai réveillé ?

– Je m'étais seulement étendu quelques instants, répondit-il. C'est l'inconvénient d'avoir des propriétaires nocturnes. Ça m'a fait une drôle de nuit, ça.

– Tu veux dire que tu es resté tard à bavarder avec les blaireaux ?

– À bavarder, oui.

– Et à fumer un peu trop ta pipe, pas vrai ?

– Oh ! ce n'était pas la fumée ! rétorqua Paddy. Peut-être que j'ai pris une goutte de trop.

– Paddy ! Tu as bu ?

– Eh bien ! un lep ne refuse pas un verre, tu sais. Une pipe bien bourrée et une bonne petite goutte, il n'en faut pas plus pour rendre un lep heureux.

– Qu'est-ce que tu bois ?

– Eh bien ! le whisky est la meilleure des boissons, mais il n'est pas si facile de s'en procurer. C'est pourquoi je brasse ma propre bière. De la bière de bruyère, faite avec le bout des pousses ; une chope ou deux de ce breuvage fait de moi un autre lep. Mais peut-être que la nuit dernière, c'était plus qu'une chope… ou que cinq ou six, gémit Paddy en se prenant la tête entre les mains comme s'il avait peur qu'elle allât rouler sur le sol.

– Pourquoi as-tu bu tant que ça ? gronda Mary.

– Est-ce que je n'avais pas quelque chose à fêter ?

– Fêter quoi ?

– Eh quoi, mais notre rencontre, chère petite ! dit Paddy.

En voyant le leprechaun en si piteux état Mary se rappela pourquoi elle avait besoin de son aide.

– Paddy, reprit-elle, est-ce que tu te sens d'attaque pour m'accompagner à la ferme ?

– C'est une trotte pour moi, dit-il sans enthousiasme. Mes jambes ne sont bonnes à rien ce matin.

– Je pourrais te porter si cela ne te fait

rien, proposa Mary. Tu vois, Neddy ne va pas très bien, et je te serais vraiment reconnaissante si tu pouvais lui parler et trouver ce qui cloche. Papa et maman sont inquiets à son sujet. Ça ne prendra même pas une minute et puis je te ramènerai aussitôt, et tu pourras rester dans ton lit tant que tu ne te sentiras pas mieux. S'il te plaît, Paddy !

– Bon, bon, si c'est pour voir ce vieil âne qui a des ennuis, et si tu le demandes si gentiment…, dit le leprechaun en levant les bras pour qu'elle puisse le soulever.

Neddy se tenait dans un coin du verger, l'air triste. Mary ramassa une pomme tombée, sachant qu'il les aimait, et la lui tendit, mais l'âne détourna la tête.

– Mary, rapproche-moi, que je puisse parler dans sa grande oreille, dit Paddy.

Une fois à la bonne hauteur, il demanda :

– Qu'est-ce qui ne va pas, vieux frère ?

Pour toute réponse, Neddy tendit le cou et poussa un long braiment déchirant, le

hi-han le plus mélancolique qu'on puisse imaginer. Paddy écouta attentivement ce cri et commenta :

– Ah, c'est donc ça !

– Quoi ? demanda Mary. Qu'est-ce que c'est ?

– Ce sont ses dents, expliqua Paddy. Il est vieux, vois-tu, et ses dents aussi ; elles sont usées, avec des bords coupants ici et là qui le gênent et lui font mal quand il mastique. C'est pour ça qu'il ne touche pas à sa nourriture : il ne peut pas bien la mâcher.

– Qu'est-ce qu'on peut faire ? Qu'est-ce que papa peut faire ?

– Eh bien, appeler le vétérinaire ! Il limera les bords coupants, et ainsi Neddy sera comme neuf. Et maintenant, ramène-moi à la maison, tu seras un ange ; je crois bien que je vais me recoucher.

À son retour des terriers des blaireaux, Mary alla trouver papa.

– Papa, demanda-t-elle, est-ce que tu vas aller chercher le soigneur de chevaux pour qu'il examine Neddy ?

– À la première occasion, répondit-il.

– Écoute-moi bien, intervint maman, (et elle dit cela d'un ton ferme, car elle savait combien de temps il fallait à papa avant de trouver l'occasion de tondre la pelouse, de réparer le portail de la ferme ou de remplacer les tuiles arrachées par le vent au toit de l'étable, ou de faire trente-six autres choses à la première occasion), écoute-moi bien, Neddy est mon âne et je veux que le soigneur de chevaux l'examine.

Mary n'avait jamais vu le soigneur de chevaux et, lorsqu'il arriva cet après-midi-là, elle se dit qu'elle n'avait jamais vu un bonhomme d'allure aussi bizarre (à l'exception de P.W.V.M.D. O'Reilly).

Il était petit, une tête de moins que papa, avec des jambes maigres et si arquées qu'un cochon de belle taille aurait pu facilement passer entre les deux, et ses vêtements semblaient avoir été taillés dans une peau de cheval, et encore, celle d'un vieux poney marronnasse.

Il portait à l'épaule un sac plein de bouteilles de médicaments destinés à soigner l'estomac des chevaux et des instruments tels que des limes et des couteaux qui servaient à leur limer les sabots. Il se campa devant Neddy et l'observa.

– Alors, qu'est-ce qu'il a, ce vieux baudet ? demanda-t-il.

– Il ne mange pas, dit papa. Il ne touche pas à sa nourriture.

Le soigneur de chevaux palpa l'estomac de Neddy.

– Il a la colique, dit-il. Ça ne fait aucun doute. Il lui faut une purge. J'ai justement ce qu'il faut, et il sortit une grosse bouteille pleine d'un liquide d'une couleur terreuse.

« Pauvre Neddy ! pensa Mary. Devoir ingurgiter cette horreur. »

– Excusez-moi, intervint-elle poliment, mais je ne crois pas que ce soit l'estomac qui ne va pas.

Le soigneur de chevaux s'interrompit net au moment de tirer le bouchon de sa bouteille et la regarda.

– Allons, Mary, dit papa, ce monsieur est un spécialiste.

– Quel âge as-tu, petite ? demanda le soigneur de chevaux.

– Huit ans.

– Huit ans, c'est ça ? Et moi, j'en ai cinquante-huit, et j'ai soigné tous les chevaux, les poneys et les baudets du comté de Cork, mais cette petite connaît mon affaire mieux que moi, faut croire.

« Eh bien, oui ! » pensa Mary.

– Alors, dis-nous, petite, continua-t-il, qu'est-ce qu'il a cet âne, à ne pas vouloir manger ?

– Je crois, avança Mary avec prudence, que c'est plutôt qu'il ne peut pas manger. Il voudrait bien, mais ça lui fait trop mal. C'est les dents, à mon avis.

Le soigneur de chevaux secoua la tête en souriant.

– Les dents, pas vrai ? dit-il avec un clin d'œil à papa. Peut-être bien qu'il lui faut un dentier.

Il introduisit deux doigts dans les naseaux de Neddy et, ouvrant la mâchoire de l'âne avec l'autre main, il regarda à l'intérieur.

Et sa mâchoire, à lui aussi, s'ouvrit toute seule.

– Exactement ce que je pensais. Évidemment, ce sont les dents. Ces vieux chicots ont les bords tout pointus, ils lui coupent les gencives et la langue, à cette pauvre bête, quand elle essaie de manger.

– Qu'est-ce que vous pouvez faire ? demanda papa.

– Ben, je vais les limer, répondit le soigneur de chevaux. Je vais râper les bords coupants et il pourra mastiquer tout son content.

Il fouilla dans son sac et en tira une lime.

– C'est une petite fille futée que vous avez là, dit-il. J'allais suggérer de jeter un coup d'œil dans la gueule du baudet, et voilà-t-il pas qu'elle a été plus rapide que moi.

– Tu as eu une idée de génie, Mary, la félicita papa après son départ. Je ne sais pas comment tu as deviné ce qu'avait Neddy.

– Mon petit doigt m'avait dit que c'était ça, répliqua Mary.

La guérison de Neddy n'était que le premier des nombreux services que le leprechaun était à même de rendre. Comme il passait son temps à bavarder avec l'un ou l'autre des animaux, Mary était désormais au courant de tout ce qui se passait à la ferme, par un moyen qui ne serait jamais à la portée ni de papa, ni de maman, ni d'aucun autre être humain. Si Clairejatte, la vache, ou l'un des cochons ou une volaille

avaient l'air pâlot, Paddy en entendait parler et le répétait à Mary qui attirait l'attention de papa là-dessus.

– C'est incroyable le coup d'œil qu'elle a tout à coup acquis sur les bestiaux, dit papa à maman. C'est à croire qu'elle devine d'instinct quand un animal a quelque chose de travers.

Et un jour, elle fut même en mesure de prévenir une grande tragédie.

De bonne heure, un matin, comme elle allait relever le sac qui servait de rideau à Flocon, une volute de fumée qui s'élevait à côté du clapier lui indiqua que Paddy l'attendait déjà.

Surprise, car il n'était pas d'ordinaire le roi des lève-tôt, elle courut jusqu'au fond du jardin, où elle le trouva allant et venant d'un pas nerveux, tirant furieusement sur sa pipe.

– Paddy ! dit-elle. Qu'est-ce qui se passe ?

– Ouf, te voilà ! s'écria le leprechaun. Ce n'est pas trop tôt !

– Pourquoi ? Qu'est-il arrivé ?

Au lieu de répondre, Paddy demanda :

– Est-ce que ton père a déjà fait sortir les poules du poulailler ?

– Non, pas encore. Il est en train de traire Clairejatte.

– Il faut l'en empêcher.

– L'empêcher de traire Clairejatte ?

– Non, non, l'empêcher de faire sortir la volaille.

– Mais pourquoi ?

– Je vais te le dire, Mary. Hier soir, j'étais à l'orée du bois, à cueillir quelques mûres (aux branches basses, tu penses bien), lorsque j'ai senti une vilaine odeur que je connais bien.

– Un renard ? demanda Mary.

– Deux, dit Paddy. Tapis dans le massif de ronces. Remarque bien qu'un homme de ma taille ne tient nullement à rencontrer un renard, et deux encore moins ; aussi, je m'apprêtais à m'éclipser pour rentrer chez moi, quand ils se sont mis à parler.

« C'est quand le père a trait la vache, disait le premier, qu'il les fait sortir.

– Et alors ? a demandé l'autre.

– Il les nourrit et il nourrit les cochons.

– Et où se trouve la mère ?

– Dans la maison.

– Et la petite ?

– Elle va au fond du jardin nourrir son lapin. Elle met un sac par-dessus son clapier la nuit, maintenant. Dommage. J'aimais bien venir le regarder.

– Et puis ?

– La petite rentre dans la maison et le père aussi. Il n'y a personne dans les parages pendant au moins une demi-heure.

– On pourrait tuer quelques bonnes petites poules, en une demi-heure.

– On pourrait les tuer toutes, a dit le premier.

– Alors, demain…, a conclu l'autre. »

– Tu vois, Mary, il va y avoir un carnage ce matin, à moins que tu ne parviennes à l'éviter. Est-ce que ton papa a un fusil ?

– Oui. Mais, Paddy, je ne peux pas dire : « Papa, ne laisse pas sortir les poules ou sinon, cache-toi avec ton fusil au lieu de rentrer à la maison. » Il demanderait : « Pourquoi ? » Et je devrais répondre : « Il y a deux renards qui vont venir tuer toutes nos poules à l'heure du petit déjeuner. » Et il ajouterait : « Comment le sais-tu ? » Et je devrais répondre : « C'est un leprechaun qui me l'a dit. » Je ne peux pas faire ça, tu vois bien.

Paddy réfléchit un moment.

– Dis-lui que tu l'as rêvé, proposa-t-il. Et que c'était un rêve très réaliste. Et maintenant, file, mais pose-moi sur le toit du clapier afin que je profite du spectacle.

Ainsi, il s'assit tout content, fumant sa pipe, et regarda Mary courir vers l'étable. Puis, au bout d'un moment, il vit papa aller dans la maison chercher son fusil, revenir lâcher les poules et se cacher.

Il n'était pas le seul à s'être caché, et bientôt deux formes rousses et allongées sortirent du bois, traversèrent le champ en trottinant, sans l'ombre d'une hésitation, et se glissèrent sous le portail pour s'introduire dans la cour, où une troupe de poules rousses, blanches ou bicolores se pavanaient, gloussaient, grattaient et picoraient.

Épaule contre épaule, les deux renards s'étaient arrêtés, les yeux fixés avec avidité

sur les volailles, jouissant à l'avance de leur festin.

– Vas-y, papa, vas-y ! dit doucement P.W.V.M.D. O'Reilly.

Et, comme pour obéir à son ordre, le vieux fusil de papa claqua.

– Tu as vu, Paddy ? demanda Mary un peu plus tard, lorsqu'elle vint le descendre du toit du clapier. Ils ne seront pas pressés de revenir !

– Ça, non ! admit Paddy. Il est dommage qu'ils n'aient pas été tués pour de bon, mais ton papa leur a collé une belle décharge. C'est du plomb qu'ils ont eu au petit déjeuner, au lieu de poulet.

– Oh ! là ! là ! dit Mary. Si seulement papa savait ! C'est moi qui recevrai des remerciements, mais c'est toi qui as sauvé nos poules. Les renards les auraient toutes tuées, et pense à ce que ça aurait coûté à papa d'en racheter d'autres. Il n'a pas beaucoup d'argent, tu sais.

« Mais toi, tu en as, ne put-elle se retenir de penser. Tu possèdes une marmite pleine d'or enterrée quelque part. Mais je ne te questionnerai jamais à ce sujet… jamais. Tu es mon ami. »

– N'y pense plus, chère petite, dit Paddy. Je suis ton ami. Et, qui sait, peut-être un de ces jours auras-tu à ton tour l'occasion de me rendre service.

CHAPITRE 6

Aux terriers

– C'est difficile à croire, dit maman à papa après le départ de Mary pour l'école. D'abord, elle a deviné ce qui n'allait pas chez Neddy. Elle semble sentir d'instinct quand l'un des animaux est malade ou a besoin de quelque chose. Et maintenant, elle fait un rêve, et voilà, ça arrive.

– Tout à l'heure, quand elle est venue dans l'étable, je lui ai dit : « Ne raconte pas de sottises ». Mais elle a tenu bon et elle paraissait si affolée par cette histoire qu'à la fin je suis allé chercher le fusil, et il a fait son effet ! Les renards ne seront pas pressés de revenir !

– Mais reconnais que c'est très bizarre, dit maman. Et ces cinq événements se sont produits depuis son anniversaire. N'importe qui pourrait s'imaginer qu'elle connaît les petits hommes.

– Ah, nous y voilà !

– Tu lui as dit que tu y croyais.

– Eh bien, c'est le genre de choses qu'on raconte aux enfants !... De toute façon, tu as renchéri toi aussi à propos des leprechauns et des marmites pleines d'or – tu es aussi coupable que moi !

Ils échangèrent un regard et rirent sans trop savoir pourquoi.

À l'école, ce jour-là, Mary n'avait pas la tête à ses devoirs. Elle réfléchissait à une nouvelle idée. Elle avait toujours été curieuse de voir un blaireau, et pourtant au cours de ses huit années d'existence cela ne lui était jamais arrivé. Elle était souvent allée au bois, dans l'espoir qu'ils se montreraient, elle avait attendu jusqu'au dernier moment où sa mère lui demandait de rentrer. Mais ils ne s'étaient jamais montrés.

C'était avant sa rencontre avec Paddy.

Maintenant, sûrement, il pourrait les rassurer, leur dire qu'ils ne couraient aucun danger, qu'elle voulait juste les voir, rien de plus.

Et lorsque l'instituteur demanda soudain, en pleine leçon de calcul :

– Voyons, Mary, de quoi étais-je en train de parler ?

Elle répondit :

– De blaireaux, et tout le monde éclata de rire.

De retour à la maison, elle fila vers le bois à la première occasion. Il était plongé dans le silence. Les seuls bruits qu'on entendait étaient le froissement des feuilles mortes sous ses pieds et le chant mélancolique d'un rouge-gorge.

Elle escalada la butte et frappa sur le vieil arbre.

Paddy sortit de son trou. Il portait un petit tablier de cuir (vert, bien entendu) et tenait à la main un minuscule marteau de cordonnier. Il ne répondit pas tout de suite lorsque Mary lui adressa la parole, et elle vit qu'il tenait des clous entre ses lèvres.

– Désolée, dit-elle. Je t'interromps dans ton travail.

Paddy retira les clous de sa bouche.

– Cela me fait penser que je n'ai toujours pas réparé ta vieille botte comme je te l'avais promis, dit-il. Retire-la. Je vais le faire tout de suite.

– Écoute-moi, Paddy, j'avais quelque chose à te demander, dit Mary en se déchaussant.

– Dans une minute. Ça ne prendra pas plus d'une minute, répondit le leprechaun.

Mary s'assit sur une branche tombée, songeant à Paddy qui travaillait deux mètres plus bas, lorsqu'elle entendit soudain quelqu'un siffloter. C'était papa qui ramassait du bois pour le feu, l'une de ses occupations préférées.

« Il ne faut pas qu'il me voie », se dit Mary. Elle avait le droit d'aller dans le bois, bien entendu (papa savait que les blaireaux excitaient sa curiosité), et en temps normal elle l'aurait appelé et aurait couru à sa rencontre. Mais pas avec une seule botte ! Qu'est-ce qu'il penserait !

Vite, elle passa de l'autre côté de la butte

et s'introduisit dans le plus grand des terriers en commençant par les pieds. « Si papa me trouve, pensa-t-elle en un éclair, je lui dirai que je me cachais pour m'amuser. Mais la botte manquante ? Elle sera tombée au fond du trou, voilà tout. »

Elle attendit, retenant son souffle, les yeux fermés. Le sifflotement s'était tu.

Et alors, tout à côté d'elle, elle entendit soudain un rire saccadé qui lui était familier, pareil au cri du pic-vert. Elle leva les yeux vers Paddy. Pour une fois, c'était lui qui la regardait de haut.

– Spectacle inoubliable ! glousse-t-il. Voici ta botte, tu peux la remettre, elle est réparée. Alors, tu voudrais être un blaireau ?

– Non, mais je voudrais tant en voir un, dit Mary.

Bientôt tout fut rentré dans l'ordre : elle s'était extirpée du trou et avait remis sa botte.

– Tu pourrais arranger ça, Paddy ? Je n'en ai jamais vu.

– Rien de plus facile, affirma-t-il.

Il regarda le ciel, où la lumière commençait tout juste à pâlir.

– Ils seront sortis d'ici une demi-heure, ou plutôt ils le seraient si tu n'étais pas là. Il faut que je leur en touche un mot. Trouve-toi ici demain à la même heure. Maintenant, file et laisse-moi faire.

– Oh, merci, Paddy ! dit Mary. Et merci d'avoir réparé ma botte.

« Je me demande comment il a fait, songeait-elle sur le chemin de la maison. Peut-être qu'il a collé de la peau de grenouille et qu'il l'a peinte en noir. »

Dans la cour, elle se mit debout dans l'abreuvoir des vaches et attendit, mais pas une goutte d'eau ne pénétra dans sa botte.

En approchant des terriers le lendemain soir, la première chose qu'elle aperçut fut la fumée de la pipe du leprechaun, et la seconde le petit homme lui-même, assis sur la branche morte. Il tenait une toute petite chope en bois habilement taillé avec une poignée sculptée de main de maître en forme de chenille. Il la leva en la voyant, et au cri de : « À la tienne ! », il but à sa santé.

Mary observa son nez avec inquiétude, mais c'est à peine s'il avait rosi.

– Que dirais-tu d'une goutte de ma bière de bruyère, chère petite ? dit-il.

– Non, merci, dit Mary. Je ne suis pas assez grande.

– Grâce à Dieu, dit Paddy, je le suis, moi.

– Est-ce que tu as parlé à tes propriétaires ? s'enquit Mary.

– Oui. Ils n'ont fait aucune objection, dans la mesure où tu es mon amie. Mais tu es aussi un être humain, et ils sont par nature méfiants à l'égard des êtres humains ; tu dois donc rester calme et discrète. Assieds-toi là et ne bouge pas, dit Paddy.

Puis il vida sa chope et, d'un bond, descendit de la branche.

– Où vas-tu ? demanda Mary. Tu ne restes pas avec moi ?

– J'ai quelque chose à prendre dans mon cellier. Je reviens tout de suite.

Et il disparut dans son trou.

Il revint quelques instants plus tard, une chope pleine à la main et une lueur de contentement dans l'œil, et il se hissa pour s'asseoir à côté d'elle.

Mary vécut alors un moment magique, un moment dont elle devait se souvenir toute sa vie. C'était une journée d'automne, tranquille, sèche et immobile, qui succédait à une journée d'automne, tranquille, sèche et immobile ; il restait bien assez de lumière pour qu'on vît parfaitement et, bientôt, les blaireaux commencèrent à sortir des terriers.

Mary ne remarqua pas le premier avant que Paddy ne la poussât du coude : elle vit alors une tête pointer hors du trou le plus grand. Une tête large et puissante, avec deux bandes noires qui descendaient des deux courtes oreilles vers les yeux et jusqu'au museau, séparées par une large bande blanche. La tête se redressa afin de humer l'air du soir, puis elle se tourna de manière que les yeux noirs regardent la petite fille bien en face.

– C'est le vieux mâle, souffla Paddy. Ne bouge pas. Il va bientôt sortir.

Une minute plus tard, le vieux mâle blaireau émergea et descendit le flanc de la butte d'une démarche paisible et pataude comme celle d'un ours. Et à sa suite vinrent

sa femelle et pas moins de cinq petits, copies conformes de leurs parents.

– Ils sont nés au début de l'été, expliqua Paddy. Ne sont-ils pas superbes ?

Il leva sa chope en réponse au regard des blaireaux et s'envoya une rasade de bière de bruyère.

Mary restait assise, immobile, captivée. « Dans quelques secondes ils seront partis, pensait-elle, mais au moins j'aurai vu une famille de blaireaux au grand complet. »

Cependant les blaireaux ne semblaient pas pressés de partir pour leur chasse nocturne. Les parents remuaient les feuilles du bout de la truffe et se grattaient tandis que les petits se mettaient à jouer, à se bagarrer pour rire en culbutant l'un sur l'autre et en poussant des gloussements de plaisir.

Ils étaient si bien pris par leur jeu que deux d'entre eux, jouant au gendarme et au voleur, roulèrent sur les pieds de Mary avant de poursuivre leur dégringolade le long de la butte.

– Est-ce que ce sont tous les blaireaux qui vivent dans les terriers ? murmura-t-elle.

– Non, non, dit Paddy. Il y en a trois familles en tout. Ils seront tous dehors dans une minute.

Ce qui est sûr, c'est qu'au cours de cette soirée enchanteresse Mary devait voir pas moins de six adultes et une douzaine de petits de taille variable, qui se retrouvaient tous, se faisaient fête et jouaient, tous apparemment tranquilles et confiants malgré sa présence.

Enfin, comme le jour commençait à baisser, une voix se fit entendre au loin :

– Mary ! Mary ! Il est l'heure de rentrer !

Et avant qu'on eût pu prononcer « P.W.V.M.D. O'Reilly », il n'y avait plus un blaireau en vue.

Mary se leva en s'étirant.

– Ah, c'était génial ! soupira-t-elle, puis, l'air radieux, elle prit le chemin de la maison.

Le leprechaun vida sa chope.

– Ah, c'était délicieux ! dit-il, puis, l'air satisfait, il descendit dans son trou.

CHAPITRE 7

Au supermarché

Après l'automne vint l'hiver et personne ne s'en étonna. Mais pendant l'hiver, Mary eut la surprise de voir beaucoup moins souvent P.W.V.M.D. O'Reilly. Ce n'était pas à cause de l'école ou des jours qui raccourcissaient. Simplement, il paraissait s'acharner à dormir, le jour comme la nuit, et elle le rencontrait rarement du côté de la ferme.

C'est alors qu'il y eut un coup de froid, et elle eut beau aller aux terriers et frapper sur le vieil arbre, elle n'obtint aucune réponse.

Jour après jour elle cognait avec son bout de bois, mais jamais la petite silhouette verte surmontée d'une chevelure rousse ne sortait du trou.

« Peut-être est-il tout le temps sorti », se dit-elle. Elle alla voir Flocon, Neddy, Clairejatte et les cochons pour leur demander s'ils l'avaient vu mais, évidemment, malgré leurs réponses sous forme de cris variés, elle n'obtint aucun renseignement. Contrairement à lui, elle était incapable de communiquer avec eux.

Comme pour souligner son absence, deux poules tombèrent malades et, privées de l'aide de Paddy pour informer Mary de leur état, elles mirent les pattes en l'air et moururent.

Puis vint la première chute de neige. Il n'y en avait que deux ou trois centimètres, mais c'était assez pour que, après inspection de la butte blanchie, Mary fût sûre qu'il n'y avait là que les traces des blaireaux et les siennes, et qu'aucun petit homme chaussé de bottes en peau de grenouille n'était entré ni sorti d'aucun des trous.

Cette nuit-là, elle resta un moment étendue sur son lit, songeuse. Aurait-elle perdu le don de voir le leprechaun ? Peut-être passait-il son temps dans les parages sans qu'elle pût le voir, ni lui, ni la fumée de sa pipe, ni les traces de ses pas, ni entendre sa voix et son rire saccadé. Lui faudrait-il attendre son prochain anniversaire (et faire un nouveau trou à sa botte) ? Non, non, ce ne pouvait être l'explication. Elle se rappelait chacun de ses mots : « Maintenant que tu m'as vu, tu pourras toujours me voir… » Mais elle s'arrêta de respirer en se rappelant ce qui suivait : « Aussi longtemps que je vivrai. »

– Oh, non ! dit Mary d'une pauvre petite voix. Ce n'est pas possible…

Mais si, c'était possible. Il était âgé. Elle enfouit son visage dans l'oreiller.

Au cours de la nuit, le temps changea complètement et la neige disparut. Mary se réveilla convaincue qu'elle ne reverrait plus P.W.V.M.D. O'Reilly.

– Qu'y a-t-il ? s'enquit maman au petit déjeuner. Tu as une figure aussi longue que celle de Neddy.

– Allons, dit papa, regarde, le soleil brille. Ça va être une belle journée.

– Oh, Flocon ! dit Mary en nourrissant le lapin, l'après-midi, à son retour de l'école. Qu'est-ce que je peux faire ?

En réponse, le lapin blanc donna avec sa patte arrière des coups secs contre le plancher du clapier.

Mary le regarda puis, après avoir fermé la porte, elle fit demi-tour et courut au bois.

C'était en effet une belle journée, et dans les branches dénudées quelques oiseaux, croyant le printemps revenu, s'essayaient à chanter sous la douce lumière du soleil.

Mary gravit le flanc de la butte en quelques enjambées, s'empara de son bout de bois et, avec l'énergie du désespoir, elle se mit à cogner de toutes ses forces contre le tronc du vieil arbre.

Lorsqu'elle cessa enfin et s'appuya au tronc, haletante, les oiseaux s'étaient tus et le bois était plongé dans le silence.

Alors une voix s'éleva :

– Mary ! Mary ! En voilà un boucan ! Tu réveillerais un mort !

Là, à l'entrée de son trou, se tenait le leprechaun, l'air complètement ensommeillé, ses cheveux roux ébouriffés et ses vêtements verts, couverts de feuilles et de brins de fougère, tout fripés.

– Oh, Paddy ! s'écria Mary, en se précipitant pour le soulever à bout de bras, où étais-tu ?

– Dans mon lit.

– Mais pourquoi ?

– Pour dormir. Pourquoi est-ce que tu vas au lit, toi ?

– Mais ça fait un bon mois que je ne t'ai pas vu. Tu veux dire que tu as dormi à poings fermés pendant tout ce temps ?

– Eh oui !

– Tu hibernais !

– Tout juste. Repose-moi, maintenant, chère petite. Tu me donnes le vertige à force de me secouer et de m'écraser comme ça.

– Oh, Paddy ! j'étais si inquiète ! dit Mary en le reposant. Je ne te trouvais nulle part, tu ne m'entendais pas, et je croyais… Oh, Paddy ! c'est si bon de te revoir, le soleil brille, je suis si contente, et c'est bientôt Noël… Dis-moi, qu'est-ce que tu voudrais pour Noël ?

– Quelque chose qui me réchauffe, dit Paddy.

– Un manteau ? Une couverture ?

– Je pensais à quelque chose… à usage interne.

– À usage interne ?

– L'intérieur de mon petit corps. Une petite goutte. Pour me réchauffer.

– Du whisky, tu veux dire ?

– Tout juste. Du John Jamieson ou du Bushmill, je ne suis pas difficile.

– Toute une bouteille ? demanda Mary, inquiète.

– Oh, mon Dieu, non ! Je pensais à un miniflacon – on en trouve au supermarché, tu sais. Mais je plaisante, Mary, ne te fatigue pas pour me trouver un cadeau de Noël. Je n'ai rien à t'offrir, moi.

Il tira sa petite bourse verte, l'ouvrit et regarda à l'intérieur.

– Je suis désolé, dit-il. J'ai seulement un shilling. Et c'est toute ma fortune.

Mary courut pour rentrer, excitée comme une puce, sautant comme un cabri et gaie comme un pinson.

– Tu as changé de disque, remarqua maman pendant le dîner. On dirait un chat qui vient de tremper le museau dans la crème.

– Tu vois, dit papa, je t'avais dit que c'était une belle journée.

– Ah, Flocon ! s'écria Mary au moment d'abaisser son rideau après lui avoir dit bonsoir, vraiment, c'était une belle journée.

Flocon ne répondit pas, mais ses yeux roses brillèrent d'amitié à la lueur de la lune qui se levait.

Ce fut quelques jours plus tard, alors que Noël s'approchait à grands pas, que Mary alla acheter le cadeau de Paddy. Elle avait tout prévu. Elle devait aller au supermarché avec papa et maman, et là, après leur avoir dit qu'elle voulait leur acheter des cadeaux en secret et leur avoir fait promettre de ne pas regarder, elle s'arrangerait pour les retrouver dehors.

– N'attendez pas à côté de la caisse, leur avait-elle dit, sinon vous allez voir ce que j'ai pris.

Bien entendu, elle avait l'intention d'acheter leurs cadeaux en même temps que celui de Paddy. Simplement, elle espérait qu'il lui resterait assez pour cette minibouteille de whisky. Elle acheta pour maman une boîte de chocolats au lait et pour papa un stylo qui écrivait de quatre couleurs différentes. C'étaient deux cadeaux qu'elle aurait aimé recevoir. Mary les choisissait toujours de cette manière.

Puis, une fois sûre qu'ils ne regardaient pas, elle se rendit au rayon des alcools. Là, elle trouva un panier plein de minibouteilles d'alcools de toutes sortes : gin, vodka, rhum, brandy, whisky écossais, etc. Mais elle n'en trouva aucune de whisky irlandais portant le nom de M. Jamieson ni celui de

M. Bushmill. Que faire ? Le whisky écossais conviendrait-il à Paddy ?

Enfin, à son grand soulagement, elle aperçut un flacon étiqueté : « Bailey, véritable vieille crème de whisky ». Crème ? Après tout, ça avait l'air d'une bouteille de whisky. Mais est-ce que c'était dans ses prix ? Il ne lui restait qu'une livre.

Elle lut l'étiquette du prix : soixante-douze pence. Elle mit la bouteille dans son panier et se présenta à la caisse.

Par une chance inespérée, la jeune caissière connaissait Mary non seulement de vue, mais de nom. Elle enregistra les chocolats et le stylo, et arriva à la minibouteille.

– Oh, oh, Mary ! dit-elle en souriant. Que diable vas-tu faire de ça ?

– C'est marqué « crème » sur l'étiquette, dit Mary.

– C'est fort, tu sais, dit la caissière. Je ne peux pas vendre ça à une petite fille comme toi, tu ne crois pas ?

– Mais ce n'est pas pour moi, commença

Mary, c'est pour… mais elle s'interrompit. Elle n'avait pas l'habitude de mentir, et elle n'osa pas dire : « C'est pour mon papa », alors que ce n'était pas vrai.

– C'est pour ton papa ? demanda la caissière. C'est bien ça ?

Et avant que Mary ne réponde, elle continua :

– Je m'en doutais et il a bien de la chance. Eh bien, comme ça c'est parfait. D'ailleurs c'est presque Noël, et je sais que tu es une petite fille honnête, il suffit de te regarder, n'est-ce pas, Mary ?

Elle hocha la tête ; la jeune fille enregistra la minibouteille, lui rendit la monnaie et Mary mit les trois cadeaux dans son sac.

À la maison, elle les enveloppa avec soin, leur mit des étiquettes et les cacha dans sa chambre, sous une latte de parquet déclouée. Chaque matin, désormais, elle comptait les jours jusqu'à Noël. « Est-ce que ce sera un Noël sous la neige ? se demandait-elle. Est-ce que Paddy est retourné hiberner ?

Je ferais peut-être mieux de lui donner son cadeau à l'avance. ».

Le premier jour des vacances, elle mit le paquet contenant la bouteille dans sa poche et se mit en route pour le bois, mais la première chose qu'elle remarqua, en quittant la cour, fut la volute de fumée bleue, désormais familière, qui s'élevait cette fois de l'étable. Elle trouva Paddy confortablement étendu sur la paille molle de la litière de Clairejatte, tirant sur sa pipe.

– Cette bonne grosse vache m'a dit qu'elle a une sorte de panaris, déclara-t-il.

– Qu'est-ce que c'est ? demanda Mary.

– Un genre d'infection sous le sabot. C'est à la patte arrière droite. C'est enflé et douloureux quand elle pose la patte.

– Je vais prévenir papa, dit Mary.

– Et il fera quelque chose à la première occasion, rétorqua Paddy avec un sourire sarcastique.

– Écoute-moi bien, Paddy, l'avertit Mary, ne parle pas comme ça de mon papa ou je ne te donnerai pas ton cadeau de Noël.

– Alors, tu l'as acheté ?

– Je l'ai là. J'allais te l'apporter chez toi, dit-elle, et elle alla chercher au fond de sa poche le petit paquet enveloppé de papier multicolore en forme de bouteille, avec une petite étiquette autour du col. Tu ne dois pas l'ouvrir avant le jour de Noël, recommanda-t-elle.

– Tu me crois vraiment capable d'une chose pareille ? s'indigna Paddy. Dis-moi,

Mary, continua-t-il, qu'est-ce que tu as écrit sur l'étiquette ?

« Je suis bête, pensa-t-elle, j'ai oublié qu'il ne sait sans doute pas lire. »

– Je ne suis jamais allé à l'école, vois-tu, dit Paddy.

– Il y a marqué : « Joyeux Noël et bonne année à monsieur P.W.V.M.D. O'Reilly, avec tous les vœux de Mary. »

– Tu es une gentille petite fille. Je boirai à ta santé le jour de Noël et je te souhaiterai une longue vie.

– Elle ne sera jamais aussi longue que la tienne, répondit Mary en riant.

– Non, mais j'espère qu'elle sera heureuse. Comme toi, n'est-ce pas ?

– Oh, oui !

– Ce n'est pas étonnant, car tu vis dans cette magnifique région de la vieille Irlande, et avec un papa et une maman adorables, entourée de tous ces animaux dont vous vous occupez, comme cette bonne grosse Clairejatte.

Il tendit son petit bras vert et ses ongles verts chatouillèrent doucement le museau duveteux de la vache. En signe de gratitude, elle lui souffla son haleine qui sentait la paille, faisant tournoyer et s'entortiller la fumée de sa pipe, au milieu de la poussière soulevée dans l'air.

– En fait, conclut Paddy, tu ne manques de rien, il me semble.

– Seulement d'argent, peut-être, dit Mary. Nous sommes pauvres, tu sais. Moi, cela m'est égal, mais ce serait bien que maman ait de nouveaux meubles pour la maison, et que papa ait les moyens d'acheter une nouvelle vache, ou même deux. J'aimerais pouvoir les aider. Mais je ne serai pas capable de gagner de l'argent avant un bon moment.

– Peut-être que tu en trouveras, dit Paddy, l'air de rien.

– En trouver ?

– Un trésor caché... quelque chose comme ça.

« Comme cette marmite pleine d'or que tu possèdes, enterrée quelque part », ne put s'empêcher de penser Mary qui soudain se sentit amère. « Je ne lui demanderai jamais mais, si je le faisais, il ne me répondrait pas. Il est mesquin, comme tous les leps, et même radin. "Seulement un shilling !" Tiens ! Et à quoi l'or lui sert-il, à lui ? Il n'a pas de loyer à payer aux blaireaux, il coupe les bruyères de papa pour faire sa bière, il vole son goémon pour bourrer sa pipe, sans parler de tous les légumes dont il a envie, et il va boire cette bouteille qui me coûte soixante-douze pence. Et moi, est-ce que j'aurai quelque chose en échange ? Rien de rien ! »

Et puis, tout aussi soudainement, elle se sentit honteuse de pareilles pensées – à propos de son ami surtout, et d'autant plus qu'elle sentait, comme souvent, qu'il pouvait peut-être lire ses pensées tandis qu'il était assis là, à la regarder de ses yeux verts et brillants.

– À quoi penses-tu ? demanda-t-elle.

Le leprechaun partit de son rire saccadé.

– Je pense que tu es une petite fille bien généreuse, qui dépense ton précieux argent de poche pour m'acheter un cadeau de Noël. Et qu'est-ce que tu reçois en échange ? Rien ! Tu dois te dire : « Quel radin, ce vieux lep ! »

– Oh, non, voyons ! protesta Mary, confuse. Je ne veux pas... Je n'attends rien de toi, Paddy. Seulement ton amitié, c'est tout.

– Et tu l'as, chère petite, dit P.W.V.M.D. O'Reilly, jusqu'à mon dernier jour.

CHAPITRE 8

Dans le bois

On voyait mal Paddy rapporter chez lui la minibouteille de whisky, qui atteignait le tiers de sa taille ; aussi Mary lui proposa-t-elle de la lui porter.

– C'est gentil de ta part, dit-il, et si tu voulais bien me porter aussi, je ne dirais pas non. Mes vieilles jambes se fatiguent vite ces temps-ci.

Jusqu'ici, Mary l'avait porté dans ses bras comme une poupée, mais cette posture manquait un peu de dignité. Elle se demandait comment faire au mieux, lorsque Paddy suggéra :

– Sur les épaules, s'il te plaît.

Elle le hissa donc sur ses épaules et il s'assit à califourchon derrière son cou, les jambes croisées sous son menton.

Il lui demanda s'il pouvait se tenir à ses oreilles, et elle accepta.

– Tu as de bien beaux cheveux, dit Paddy, et des yeux gris, et des taches de rousseur. Une parfaite jeune fille, voilà ce que tu es !

– Tu as une chevelure magnifique, Paddy. Quelle couleur flamboyante, et pas un cheveu blanc !

– Les leps n'ont pas de cheveux blancs, dit-il, et ils ne les perdent pas. On n'a jamais vu non plus un lep barbu. Seule notre tête est couverte, afin de nous protéger de la pluie d'Irlande.

À proximité des terriers, Mary fit descendre le leprechaun de ses épaules et le déposa à côté de son trou puis elle sortit le paquet en forme de bouteille de sa poche et le lui donna.

– Tu vas y arriver ? demanda-t-elle.

– Ce ne sera pas difficile, chère petite. Je

vais la faire rouler le long du tunnel, ce sera aussi facile que d'en faire glisser le contenu le long de mon gosier. Je te remercie encore de ta gentillesse. Et maintenant, donne-moi le doigt.

Mary lui tendit un doigt que Paddy serra.

– Est-ce que je te verrai le jour de Noël ? demanda-t-il.

– Oh, oui ! Sauf si le temps se refroidit et que tu doives retourner dormir.

– Il fera doux jusqu'au Nouvel An, à ce que m'ont dit mes propriétaires, affirma-t-il, mais il y a un bon coup de gel qui se prépare après. Les blaireaux ont beaucoup de nez pour prévoir le temps.

Le jour de Noël, Mary put constater que le nez de Paddy était d'une délicate nuance de rose. Quant à lui, sa bonne humeur était visible : il chantait (plutôt plus fort que d'habitude) et dansait (d'un pied pas toujours aussi assuré), et il riait de son rire saccadé, strident comme le cri du pic-vert.

Mais le lendemain (jour de la Saint-Étienne), ce fut une autre histoire.

Il fallut cogner à coups redoublés pour le tirer de son trou et il était d'humeur fort maussade.

– Du vent ! gronda-t-il, la tête entre les mains, à l'intention de Mary. Est-ce qu'un pauvre leprechaun n'a pas le droit d'avoir un peu la paix, non ?

– Pas la peine de me parler sur ce ton, dit-elle vexée.

Elle ne se doutait pas qu'avant la tombée de la nuit le nez de Paddy, justement, serait en grand danger d'être croqué.

Cet après-midi-là, Mary alla se promener. Sans y penser, elle prit le chemin du bois, mais se ravisa : elle n'avait aucune envie de se faire éconduire de nouveau. « Laissons-le dormir », se dit-elle mais, au moment de faire demi-tour, elle vit une forme rousse et allongée se glisser le long de la haie. Le renard (elle remarqua qu'il boitait) se glissa entre les arbres, et Mary courut à la maison.

– Papa ! haleta-t-elle dès qu'elle le trouva, le renard ! L'un de ceux sur lesquels tu as tiré… Il boitait, il arrive à la lisière du bois de ce côté !

– Passe par la colline, dit-il, et va derrière le bois pour l'empêcher de s'échapper par là ! Je vais chercher le vieux fusil !

Cet après-midi-là, P.W.V.M.D. O'Reilly était allé se promener. Il se disait que le grand air lui ferait du bien. Il n'était d'ailleurs pas fier d'avoir répondu brusquement à Mary. Plus tard, se promettait-il, il irait lui présenter ses excuses mais, pour l'heure, il tourna le dos à la ferme et s'enfonça dans le bois. Au moment d'atteindre la lisière de l'autre côté, une voix se fit entendre derrière lui :

– Aurais-tu quelques instants à m'accorder ? dit le renard.

Il retroussa les babines comme pour sourire.

Paddy crut bien voir un grand nombre de dents pointues.

– Je suis un peu pressé, bredouilla-t-il.

– Oh, ce ne sera pas long ! dit le renard très à son aise. Je voulais simplement te rafraîchir la mémoire.

– La mémoire ?…

– Oui, vois-tu, il y a quelque temps, mon frère et moi avions organisé une petite expédition. Contre les poules du fermier, tu vois ce que je veux dire ? Ça a mal tourné. Quelqu'un nous a mouchardés.

– Mouchardés ?

– Cafardés. Vendus. Dénoncés.

– Qui ferait une chose pareille ? fit Paddy.

– Je me le demande, dit le renard d'une voix mielleuse. Serait-ce quelqu'un qui nous aurait entendus parler ? Et ce quelqu'un aurait averti la petite, la petite aurait prévenu le père, et le père aurait tiré. En ce qui me concerne, j'ai eu de la chance, je m'en suis tiré avec une patte folle. Mais mon frère, lui, en est mort un peu plus tard.

– La vie est dure, dit Paddy, un peu gêné.

– La mort aussi, répliqua le renard, comme tu ne vas pas tarder à l'apprendre. As-tu une dernière déclaration à faire avant que je croque ton petit nez ?

– Ah, çà, oui ! dit Paddy qui, à pleine voix, cria : Au secours ! en s'élançant vers le buisson le plus proche.

Papa, en embuscade avec son fusil à la lisière du bois, n'entendit rien, cela va de soi, mais le cri parvint distinctement à Mary. Impossible de confondre cette voix ; elle se précipita entre les arbres. Elle n'avait pas pensé que Paddy pouvait être en danger et la scène qu'elle découvrit lui parut d'autant plus terrible.

Paddy avait eu le temps (car le renard, boiteux, manquait de vivacité) de grimper au sommet d'un arbuste. Mais les branches n'étaient pas assez hautes, et en sautant le renard aurait pu lui attraper les jambes. Pétrifiée d'horreur, Mary le vit bondir, tous crocs dehors, et elle crut le voir happer l'un des pieds de Paddy.

Souvent, dans un cauchemar, celui qui rêve perd ses moyens et ne peut que courir comme un fou au-devant du danger ; c'est ainsi que Mary donna la charge au renard. Elle n'avait pas de fusil comme papa, même pas de bâton à brandir, mais elle courut, avec fureur, à sa poursuite. Le renard lâcha sa proie et détala sur trois pattes vers le fond du bois, tandis que le leprechaun dégringolait de son perchoir et tombait lourdement sur le sol.

À genoux à ses côtés, Mary se força à regarder sa jambe et poussa un soupir de soulagement en voyant ce que le renard avait happé. Ce n'était pas un pied, mais une botte en peau de grenouille.

Elle chercha s'il était blessé à un autre endroit, mais il semblait que non.

– Paddy, dit-elle en caressant doucement ses joues vertes, aussi pâles à cet instant qu'une peau de citron, comment te sens-tu ?

Lentement, Paddy ouvrit les yeux. Il s'assit avec précaution.

– Chère petite, chère petite, dit-il d'une voix tremblante, tu m'as sauvé la vie. Sans toi, c'était la fin de Patrick Wellington le Victorieux de la Main Droite O'Reilly. Je serais mort, et bien mort.

Soudain, les pigeons s'envolèrent de la cime des arbres dans un grand froissement d'ailes au moment où, de la lisière du bois, de l'autre côté, parvint le bruit d'une unique détonation.

– Mais c'est lui qui est mort, commenta Mary.

■ CHAPITRE 9 ■■■

Sous le vieil arbre

Paddy avait été rudement secoué, cela se comprend. Il paraissait soudain son âge, portait chacune de ses cent soixante-quatorze années, et Mary voyait trembler ses petites mains vertes.

– C'est une chance que tu sois cordonnier et que tu puisses la réparer, dit-elle en lui rendant sa botte que les crocs du renard avaient déchirée.

Mais il se contenta de répondre quelque chose comme :

– Peu importe, maintenant.

Elle le ramena chez lui, serré dans ses bras, et le déposa à l'entrée de son logis.

– Et maintenant, dors bien, dit-elle. Tu as reçu un sacré choc.

Elle le regarda descendre dans son trou, d'une démarche pas trop assurée, puis elle ressortit du bois. Papa l'attendait tenant le fusil dans une main et de l'autre, le renard mort, par sa queue touffue.

– Il est sorti juste au bon endroit, dit-il. Tu as dû l'effrayer.

– Oui, dit-elle en frissonnant.

– Tu n'as pas froid, au moins ? demanda papa. Le temps est encore doux.

– Pas pour longtemps, fit Mary. Un bon coup de froid se prépare pour le Nouvel An.

– Ah, oui, vraiment ? demanda papa en riant. Et qui te l'a dit ? L'un de ces petits hommes, j'imagine ! Eh bien ! il faut qu'il se dépêche, ton coup de froid. L'année se termine dans deux jours.

« Pourvu que je revoie Paddy avant le changement de temps, pensait Mary sur le chemin du retour. Oui, mais que faire ? Je n'aime pas le déranger en frappant sur le vieil arbre – ça ne lui a pas fait plaisir la dernière fois. Peut-être qu'il se sentira assez bien pour venir à la ferme demain. »

Mais il ne donna pas signe de vie le lendemain. Et le surlendemain de cet événement, dernier jour de l'année, le ciel devint gris, le vent tourna et se mit à souffler du nord-est, et à midi le M. météo de la radio annonça de la neige. Papa, qui écoutait, lança un coup d'œil à sa fille, sourit et hocha la tête d'un air perplexe.

Après le petit déjeuner, Mary alla voir Flocon pour lui apporter un croûton de pain que maman lui avait donné, et là, déambulant le long du sentier du jardin, à côté du carré de carottes où elle avait fait sa connaissance, elle vit Paddy.

Mary remarqua qu'il avait meilleure mine, mais il avait perdu son humeur enjouée. Elle remarqua aussi qu'il ne fumait pas. Averti par son don de lire les pensées, il tira sa pipe de sa poche, la contempla d'un air d'envie et de regret puis l'y enfouit de nouveau.

– Est-ce que tu es à court de tabac de goémon ? demanda Mary.

– Non, non.

– Tu t'arrêtes de fumer, alors ?

– Un de ces jours.

– Ah ! fit Mary, déconcertée. En tout cas, je suis contente de te voir, Paddy. Les blaireaux avaient raison, il va y avoir de la neige, la météo l'annonce. Je vais bientôt cesser de te voir, j'imagine ?

– En effet, dit Paddy. Je faisais justement mes adieux, poursuivit-il. À Flocon, à cette bonne grosse Clairejatte, au vieux Neddy et aux cochons.

– Tes adieux ? Ah ! je vois, tu veux dire avant d'aller hiberner.

– Mais il me reste quelqu'un de très important à qui dire au revoir.

Et sa figure verte esquissa quelque chose qui ressemblait à son sourire moqueur.

– À moi ?

– À toi. Toi, mon amie. Toi qui m'as offert une délicieuse bouteille pour Noël. Toi qui m'as sauvé la vie. Donne-moi le doigt, chère petite.

Mary tendit un doigt que le leprechaun saisit et serra avec force.

– Alors, au revoir, Mary, dit-il. Je suis vraiment très heureux de t'avoir connue.

– Ma parole, tu parles comme si nous ne devions jamais nous revoir !

Paddy ne répondit rien mais il sortit sa bourse, en tira un shilling et le lui tendit.

– Un cadeau pour toi, dit-il.

– Mais il ne faut pas, Paddy, protesta Mary. C'est toute ta fortune.

– C'est tout, et ce n'est pas tout, avoua-t-il. Mais peut-être bien que tu as raison.

Il remit la pièce dans sa bourse.

– Écoute un peu, reprit-il. Je vais t'apprendre une comptine. C'est une sorte de charade. Ça pourra te servir un jour.

– D'accord, dit Mary.

« Il ne fera jamais rien de plus », pensa-t-elle.

– Voici donc, dit Paddy :

De la porte d'Aliboron
Au fruit qu'Ève trouva si bon,
Cinquante pas mes bottes font,
Exactement.
Les cinquante en deux finiront ;
Pour fouir nous nous arrêterons
À la sueur de notre front,
Tout comme Adam.

– Quelle drôle de comptine, observa Mary. Mais qu'est-ce que ça veut dire ?

– Pas besoin de te creuser la cervelle à ce sujet pour le moment, dit Paddy. Contente-toi de l'apprendre par cœur ; et il la répéta.

Une fois sûr que Mary la savait bien, il ajouta :

– Il faudra t'en souvenir, plus tard.

– Quand ?

– Quand tu entendras le premier coucou.

Et maintenant, sois assez gentille pour me ramener à la maison, Mary, car les nuages perdent leur duvet.

En effet, en regardant vers la mer, Mary vit les premiers flocons descendre du ciel en tourbillonnant. Ils arrivèrent à la butte et en escaladèrent le flanc qui blanchissait déjà, puis Mary déposa Paddy devant son trou. Accroupie devant lui, elle passa la main dans ses cheveux roux, regarda le fond de ses yeux verts et lui dit :

– Rentre, maintenant. Dors bien et dors longtemps.

– Oh, oui, chère petite ! approuva P.W.V.M.D. O'Reilly. Bien et longtemps.

Puis il tourna les talons et disparut.

Toute la nuit du Nouvel An, la neige ne cessa de tomber, et la journée aussi, couvrant le pays d'un épais manteau.

Mary fit un bonhomme de neige sur la pelouse que papa avait promis de tondre à la première occasion. Le bonhomme de neige était blanc, par la force des choses, mais elle

le coiffa d'un bonnet de laine rouge, lui planta deux choux de Bruxelles sur la figure pour lui faire des yeux verts et lui enfonça dans la bouche un morceau de bois qu'elle avait taillé en forme de courte pipe.

La neige tint un bon mois, et même une fois que les averses de février l'eurent fait fondre, les journées restèrent froides et grises, et Mary était contente de savoir que Paddy était deux mètres sous terre.

Mais lorsque vint mars, tiède comme un fauve, puis avril, doux comme un agneau, et qu'il ne donnait toujours pas signe de vie, Mary, inquiète, se rendit aux terriers des blaireaux et frappa avec son bâton. Chaque jour qui passait, elle frappait, mais il ne reparaissait pas.

Chaque nuit qui passait, Mary, étendue dans son lit, tentait de se convaincre qu'il dormait tout bonnement et tout tranquillement, mais chaque matin elle se réveillait persuadée qu'il ne s'éveillerait plus jamais.

Alors, un jour qu'elle s'était réveillée tôt et qu'elle écoutait les oiseaux donner leur concert de l'aube, elle entendit renifler derrière sa fenêtre.

Sautant de son lit, elle se pencha et là, elle vit le vieux blaireau mâle qui levait sa tête d'où partaient deux larges rayures. À sa vue, il fit demi-tour et partit en trottinant en direction du bois, s'arrêtant de distance en distance pour se retourner. Le message était clair : « Suis-moi. » Aussi, Mary s'habilla en hâte et se glissa sans bruit hors de la maison.

Elle avait perdu le vieux mâle de vue, mais en arrivant à la butte elle vit ce qu'il était venu lui annoncer.

Sous le vieil arbre contre lequel elle avait si souvent frappé, on ne voyait plus trace de l'entrée du trou de Paddy. À la place s'élevait à présent un monticule de terre fraîche, marqué de traces de dents et tassé à coups de patte. Les propriétaires avaient refermé la tombe de leur hôte.

CHAPITRE 10

Dans le verger

« Il faut que je me fasse une raison, se dit Mary. Mourir dans son sommeil, sans peine ni souffrance, après une vie si longue et si heureuse – eh bien ! sûrement, on ne pouvait en demander plus. Mais il me manquera tant ! Ne jamais revoir cette drôle de frimousse verte toute ridée, avec cette touffe de cheveux roux, ne plus respirer la fumée qui sortait en spirale de sa pipe, ne plus entendre ce rire saccadé… Tout ce qui me reste, ce sont des souvenirs. Et puis, au fait... il m'a aussi laissé cette comptine, n'est-ce pas ? »

Et, au moment même où cette idée lui venait à l'esprit, elle entendit l'appel du premier coucou.

– Bon, dit Mary, est-ce que je m'en souviens ? Voyons...

De la porte d'Aliboron
Au fruit qu'Ève trouva si bon,
Cinquante pas mes bottes font,
Exactement.
Les cinquante en deux finiront ;
Pour fouir nous nous arrêterons
À la sueur de notre front,
Tout comme Adam.

– Mais qu'est-ce que ça peut bien vouloir dire ?

De retour dans sa chambre, elle prit un papier et un crayon, écrivit les huit vers et les relut. « Il y a Adam et Ève là-dedans, pensa-t-elle, donc ça aurait quelque chose à voir avec un jardin ? Notre jardin ? C'est là que j'ai fait la connaissance de Paddy, après tout. Mais qui est cet Aliboron ? Je ne connais personne qui s'appelle Aliboron. Et que veut dire "fouir" ? Le seul truc évident, ce sont les cinquante pas. "Les cinquante en deux finiront", donc ça donne vingt-cinq pas d'un endroit à un autre endroit. »

Au petit déjeuner, elle demanda :

– Connaissez-vous quelqu'un qui s'appelle Aliboron ?

– Non, dit maman, pourquoi ?

– Oh ! c'est seulement une comptine que quelqu'un m'a apprise. Je ne comprends pas ce que ça veut dire. Aucun de nos animaux ne s'appelle Aliboron, n'est-ce pas ? Un cochon, par exemple ?

– Non, dit papa, mais nous avons un animal qui pourrait s'appeler ainsi : Neddy. On surnomme les ânes Aliboron.

« La porte d'Aliboron » devait être celle de la cabane de Neddy, alors !

– Qu'est-ce que le fruit d'Ève ?

– Le fruit d'Ève ? dit maman. Eh bien, la pomme, il me semble. Ève succomba à la tentation, dans le jardin d'Éden, et elle croqua la pomme, c'est bien ça ? Y a-t-il encore quelque chose que tu aies besoin de savoir pour cette drôle de comptine ?

– Rien qu'une, dit Mary.

Elle avait du mal à contenir l'émotion de sa voix. La porte de Neddy et l'un des pommiers, un pommier qui devait se trouver à vingt-cinq pas ! « Pour fouir nous nous arrêterons. »

– Que veut dire « fouir » ? demanda-t-elle.

– Ça signifie « creuser ».

– Merci, dit Mary.

Elle se força à finir son petit déjeuner, mastiquant d'autant plus vite que son esprit galopait. « Ça pourrait te servir un jour » : elle se rappelait chaque mot de Paddy au moment où il lui avait appris cette drôle de comptine. Si seulement !… Est-ce que c'était possible ?

Dans le verger, elle s'était plantée, la bêche à la main, à côté de la porte de Neddy, et elle observait les pommiers ; il y en avait six en tout. Quatre d'entre eux étaient bien trop éloignés (cela se voyait même sans compter les pas), et le cinquième beaucoup trop proche, à peine à plus d'une douzaine de pas. Mais le sixième paraissait au bon emplacement. En comptant à haute voix chacun de ses pas, elle mesura la distance. Cinquante pas exactement !

Elle fit demi-tour et revint vers la cabane de l'âne, toujours en comptant.

« Cinquante pas mes bottes font, exactement. Les cinquante en deux finiront. » Et, à vingt-cinq, elle s'arrêta. C'est alors seulement qu'elle se donna la permission d'espérer !

« Chaque leprechaun possède une marmite pleine d'or enterrée quelque part. » Et c'était là, sous ses pieds ! Mary commença à creuser.

Elle avait du mal à manier la grande bêche de papa, mais par chance la terre était argileuse, et en peu de temps elle eut fait un grand trou. À chaque instant elle s'attendait à ce que la bêche heurte quelque chose, mais il n'y avait rien que de la terre, et encore de la terre.

Mary s'assit au bord du trou pour souffler et sortit son bout de papier de sa poche. Est-ce qu'elle s'était trompée ? Elle lut encore une fois : « Cinquante pas mes bottes font. »

Et soudain elle fit un bond ! C'étaient ses pas à lui, bien sûr, pas les siens à elle ! C'était « de la porte d'Aliboron » au pommier le plus proche !

Une fois qu'elle eut repéré le point à mi-distance et qu'elle eut commencé à creuser, ce fut une question de minutes avant que le tranchant de la bêche heurtât quelque chose de dur.

Par la suite, ses parents ne parvinrent jamais vraiment à croire à ce qui était arrivé.

Il ne se passait presque pas de jour sans que papa, occupé à traire ses nouvelles vaches, à tondre ses nouveaux moutons ou à conduire son tracteur neuf, ne se rappelât, encore éberlué, les cris de Mary, sa course folle et leurs efforts communs pour extraire de la terre un lourd coffre de chêne renforcé de coins de cuivre.

Il ne se passait presque pas de jour sans que maman, au moment de tirer ses rideaux neufs, de nettoyer ses nouveaux tapis ou de remplir sa nouvelle machine à laver, ne se revît, avec incrédulité, se précipitant pour voir ce que cette agitation voulait dire, et papa brisant le cadenas (« le cadenas de Paddy », s'était dit Mary) d'un coup de bêche puis soulevant le couvercle.

Le petit coffre était plein à ras bord de pièces, des pièces d'or, des souverains d'or ! C'étaient des pièces anciennes d'ailleurs, à l'effigie du roi George III.

– Ça leur donne encore plus de valeur, dit papa qui en avait pris une au hasard.

– Regarde, celle-ci porte la date de 1815.

– Oh ! s'écria Mary, eh bien, c'est l'année de… et elle s'interrompit.

– De quoi ?

– De la bataille de Waterloo.

– Petit génie ! Et il fallait être encore plus génial pour découvrir ce trésor enterré. Désormais, adieu les soucis d'argent !

Par la suite, papa et maman avaient décidé de ne jamais poser de questions à Mary sur la manière dont elle avait mis la main sur ce coffre.

– C'est étrange, cependant, dit l'un. Te rappelles-tu que, le jour de son anniversaire, nous avons parlé des leprechauns ?

– Et que chacun d'eux possédait une marmite pleine d'or enterrée quelque part ?

– Peut-être Mary connaît-elle elle-même un leprechaun ?

Ils échangèrent un regard et se mirent à rire, presque sans s'en rendre compte.

Quant à Mary, elle était très excitée, c'était normal. Sans être quelqu'un d'intéressé, elle trouvait bien agréable de se dire qu'elle pouvait s'offrir des choses comme une nouvelle bicyclette, et qu'elle pouvait mettre de l'argent de côté.

« Des gens mesquins, ces leprechauns. Et radins », avait dit papa.

Mais pas celui-ci. À présent, ce fameux shilling était vraiment toute sa fortune.

Plus tard encore, quand l'excitation fut apaisée, elle retourna à la butte. C'était par une magnifique journée de printemps et, dans le sous-bois, la vie renaissait avec éclat.

Elle avait dans sa poche une serpette de papa et un gros feutre de maman. Elle escalada la butte jusqu'au vieil arbre, mais pas pour frapper cette fois, car seuls les blaireaux auraient pu l'entendre.

À l'aide de la serpette elle détacha un carré de l'écorce rêche pour laisser apparaître le bois blanc, sur lequel elle écrivit au feutre noir, en grandes lettres majuscules soigneusement formées :

P.W.V.M.D. O'REILLY
1815-1989

Comme elle restait un moment à contempler son œuvre, elle entendit, quelque part dans le bois, un rire moqueur qui lui sembla familier.

C'était seulement le cri du pic-vert, bien entendu.

C'était forcément ça.

N'est-ce pas ?

FIN

TABLE DES MATIÈRES

Dick King-Smith est né en 1922 à Bitton, un village du Gloucestershire, en Angleterre. Fermier durant une vingtaine d'années, il devient instituteur dans une école des environs de Bath et à cinquante-quatre ans, il publie son premier livre pour enfants, *Babe, le cochon devenu berger*. Le succès est immédiat et inspirera vingt ans plus tard un film célèbre. Dick King-Smith, qui a écrit plus de soixante livres pour enfants, est l'un des auteurs anglais les plus populaires. Ses personnages favoris sont les animaux, qu'il connaît bien et auxquels il prête des dialogues savoureux et pleins d'humour.
Il vit aujourd'hui à quelques kilomètres de son lieu de naissance, dans un cottage du XVIIe siècle.
Dans la collection Folio Cadet ont déjà paru : *Longue vie aux dodos* et *Les 9 vies d'Aristote*.

William Geldart est né en 1936 à Marple, un village du comté de Cheshire, en Angleterre. Très jeune, il développe un grand sens de l'observation et commence à dessiner la nature et les gens qui l'environnent. Après avoir effectué son service militaire dans la Royal Air Force en tant que photographe, il suit des études à l'école des beaux-arts de Manchester. En 1979, il devient illustrateur indépendant. Il travaille aujourd'hui à la campagne, à Henbury, où il tient également avec sa femme sa galerie d'art. William Geldart a illustré de nombreux livres aux Éditions Gallimard Jeunesse dont *Le poney dans la neige* (Folio Cadet).